EXPEDITION NATUR

Anita van Saan

Entdecken, forschen & verstehen

DER BODEN

ERKUNDE DAS LEBEN IM ERDREICH

MIT EXPERIMENTEN, IDEEN & UMWELT-TIPPS

moses.

Inhalt

Unter unseren Füßen

Jeden Tag laufen oder fahren wir auf ihm herum. In der Stadt ist er größtenteils bebaut und asphaltiert. Auf Äckern wird er mit Maschinen bearbeitet, gedüngt und mit Unkraut- und Schädlingsbekämpfungsmitteln versehen. Im Wald ist er von Laub oder Nadeln bedeckt, auf Wiesen von Gras bewachsen.

Meistens beachten wir ihn gar nicht, den Boden unter unseren Füßen. Dabei ist er die Grundlage für unser Leben.

- Er liefert uns Nahrungs- und Futtermittel sowie nachwachsende Rohstoffe.
- Er dient zahllosen Pflanzen, Tieren und Mikroorganismen als Lebensraum.
- Er kann Wasser festhalten, es reinigen und uns vor Hochwasser schützen.
- Er kann Stoffe, darunter Nähr- und Schadstoffe, binden und speichern.
- Er kann sogar dabei helfen, das Klima zu schützen!

Forschungsarbeit mit Erde, Sand und Matsch

In diesem Buch wollen wir ihn uns einmal genauer anschauen, den Boden. Wir werden herausfinden, aus was er besteht und wie er entstanden ist. Dabei kannst du so richtig schön im Dreck spielen!

Viele Experimente, Garten-, Bastel- und Umwelttipps helfen dir dabei, herauszufinden,

- welche Bodentypen es gibt,
- wie sich Böden und Pflanzenwurzeln gegenseitig beeinflussen,
- welche Tiere im Boden leben,
- wie die Müllabfuhr im Boden funktioniert,
- und was der Boden sonst noch alles kann.

Leider wirst du beim Lesen auch erfahren, dass es manchen Böden richtig mies geht, so schlecht, dass sie ihre wichtigsten Aufgaben gar nicht mehr übernehmen können ... Wir müssen also etwas tun!

Die gute Nachricht: Man kann Böden wieder gesund machen, gleichzeitig vom Aussterben bedrohte Tiere retten und nebenbei zum Klimaschutz beitragen.

Die Erde ist eine Gesteinskugel

Der Boden, auf dem wir gehen, und der von Wasser bedeckte Meeresboden bilden die äußerste Schicht der Erdkugel, die **Erdkruste**. Sie ist zwischen 6 und 100 km dick. Hauptbestandteile der festen Erdkruste sind Sauerstoff (nicht als Gas, sondern in gebundener Form), Silicium sowie Eisen, Magnesium, Natrium, Calcium und Aluminium.

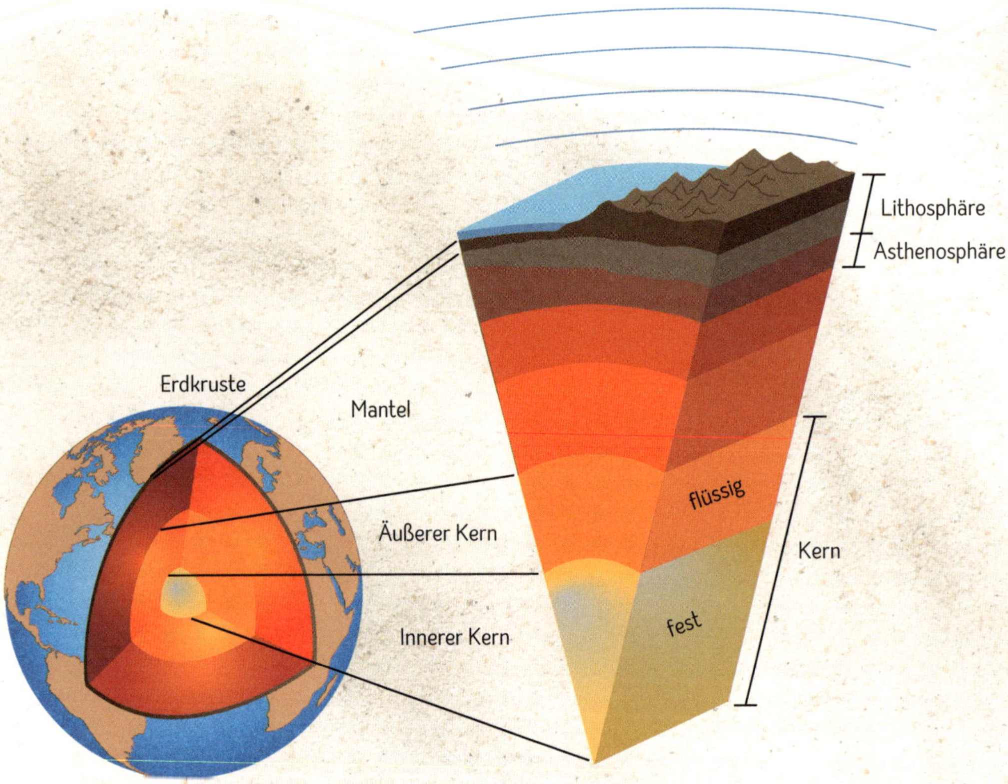

Ganz innen in der Erdkugel befindet sich ein heißer, fester Metallkern aus Eisen und Nickel. Seine äußere Schicht ist geschmolzen. Der heiße Metallkern wird umhüllt von einem Erdmantel aus festem Silikat. Auch der äußere Teil des Erdmantels ist teilweise geschmolzen. Von dort stammt das meiste Magma, das bei einem Vulkanausbruch an die Erdoberfläche gelangt.

Die Erdkruste und die oberste Schicht des Erdmantels bilden zusammen die sogenannte **Lithosphäre**. Darunter liegt die weiche, zum Teil geschmolzene **Asthenosphäre**, sie enthält Magma.

Rund um die Gesteinskugel der Erde befindet sich eine dünne Gasschicht, die **Atmosphäre**. Sie enthält die Luft, die wir atmen.

Schwimmende Platten

Wenn du einen Korken in zähflüssigen Sirup oder Honig drückst und dann wieder loslässt, taucht der Korken langsam wieder auf. Er schwimmt auf der zähen Flüssigkeit. Probiere es einmal aus!

So ähnlich wie Kork- oder Styroporplatten, die auf Honig schwimmen, kannst du dir die Erdkruste vorstellen. Sie besteht nicht aus einem einzigen riesengroßen Stück, sondern aus den sogenannten tektonischen Platten (Kontinentalplatten, S. 8). Diese „schwimmen“ wie eine runzelige Haut auf einer zähflüssigen Masse, der Asthenosphäre. Das Gewicht der Kontinentalplatten übt Druck auf den darunterliegenden Erdmantel aus. In Gebieten, in denen sich große Gesteinsmassen wie Gebirge oder Inlandseismassen befinden, lastet ein höheres Gewicht auf dem Erdmantel. Dieser Druck kann dazu führen, dass der Mantel verformt wird, es kommt zu geologischen Prozessen wie z. B. der Bildung von Gebirgen oder zu Erdverschiebungen (S. 9).

Ganz, ganz langsam und für uns unmerklich können die Kontinentalplatten auseinanderweichen, zusammenstoßen oder aneinander vorbeigleiten (Abb. 1–3). Die tektonischen Vorgänge erstrecken sich über sehr, sehr lange Zeiträume, sie dauern oft Millionen von Jahren.

Alles Griechisch:

- „Litho“ = Stein
- „Astheno“ = kraftlos, schwach, weich
- „Atmos“ = Dunst
- „Sphäre“ = Kugel
- „Magma“ = heiße, knetbare Masse

Plattenbewegung der Erdkruste

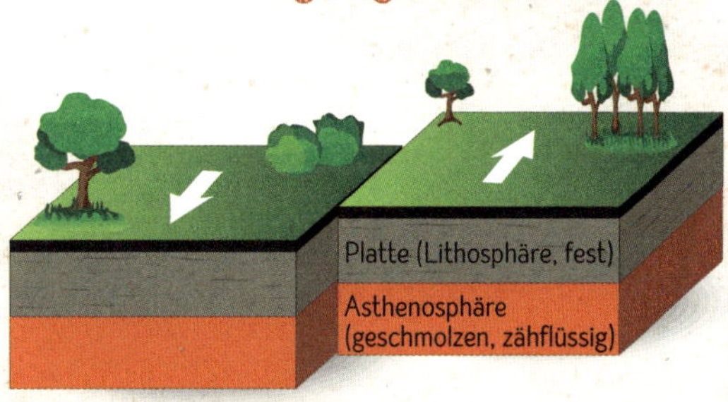

1 Die Platten stoßen aneinander und gleiten aneinander vorbei. In solchen Bereichen kann es zu Erdbeben kommen.

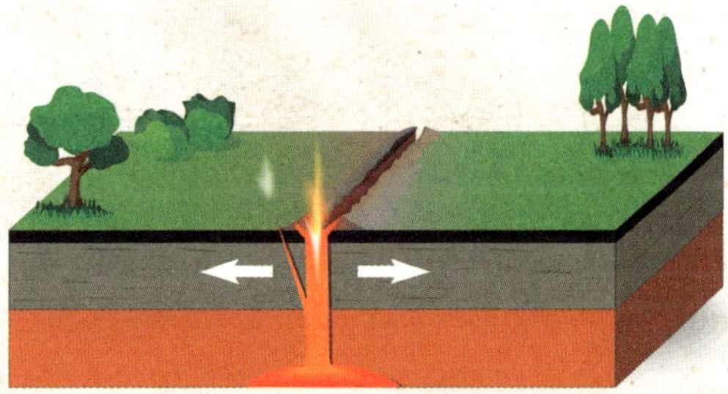

2 Die Platten entfernen sich voneinander. In der Lücke kann heißes Magma aufsteigen und die Platten auseinanderschieben. Sehr oft gibt es an solchen Stellen Erdbeben und Vulkanausbrüche. Durch erstarrtes Magma bildet sich eine neue Erdkruste. Es können Grabenbrüche oder Gebirgszüge entstehen.

3 Die Platten stoßen aneinander. Eine Platte taucht unter der anderen ab. Die obere Platte wird aufgefaltet, es entstehen Gebirgsketten und Vulkane.

Die Platten der Kontinente

Die Erdkruste der tektonischen Platten ist nicht überall gleich aufgebaut: Auf den Kontinenten (Landmassen) ist sie leichter, aber dicker als dort, wo sie von den Wassermassen der Meere bedeckt ist. Die heutigen sieben Kontinente (Antarktis, Asien, Australien, Afrika, Europa, Nord- und Südamerika) sind als dicke Erdkrustenteile in die tektonischen Platten eingebettet. Wenn sich die Platten bewegen, werden Kontinente auseinandergerissen oder zusammengeschoben, neue Meere entstehen und Gesteinsschichten falten sich zu riesigen Gebirgen auf. Die größten tektonischen Platten sind die Pazifische und Antarktische Platte, die Nord- und die Südamerikanische Platte, die Afrikanische, die Eurasische und die Australische Platte.

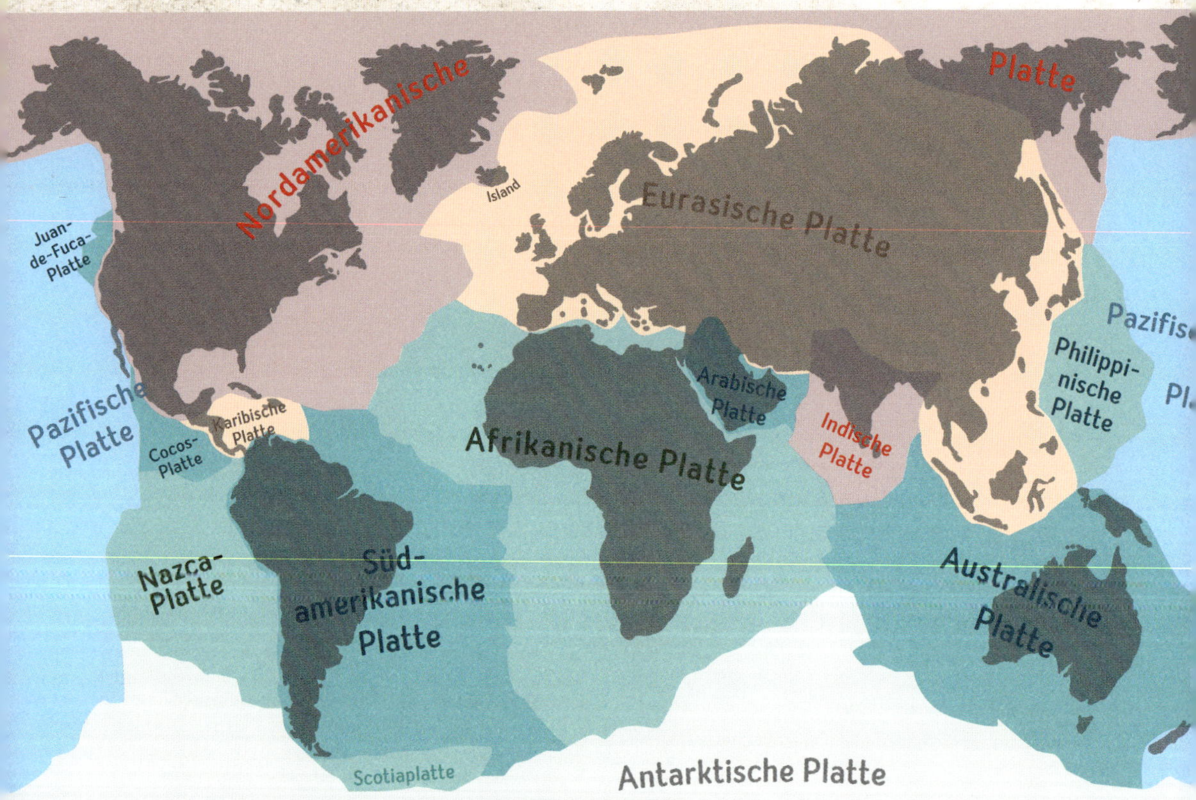

Auseinanderdriftende Erdplatten

Der Nationalpark Thingvellier liegt im Nordwesten von Island, in einer Grabenbruchzone im Grenzbereich zweier tektonischer Platten, die auseinandertreiben. In den letzten 10.000 Jahren ist das Land beiderseits der Schlucht um 70 m auseinandergedriftet, der Talboden hat sich um rund 40 m gesenkt.

Kontinentaldrift

Im Verlauf der Erdgeschichte haben die tektonischen Platten ihre Gestalt und Lage auf der Erdkugel sowie ihre Oberfläche ständig verändert. Vor 250 Millionen Jahren gab es nur einen einzigen Superkontinent, Pangäa. Vor 180 Millionen Jahren brach dieser Kontinent auseinander, es entstanden die Landmassen Laurasia und Gondwana und der Atlantische Ozean begann sich zu bilden. Vor zehn Millionen Jahren lösten sich Australien und die Antarktis voneinander ab. Der einstige Kontinent Laurasia zerbrach und das heutige Nordamerika entfernte sich von Europa.

Pangäa

Laurasia und Gondwana

heutige Welt

Vulkane und Erdbeben

Die Erdoberfläche wird von ihrem heißen Kern immer wieder in Bewegung versetzt und ständig verändert.

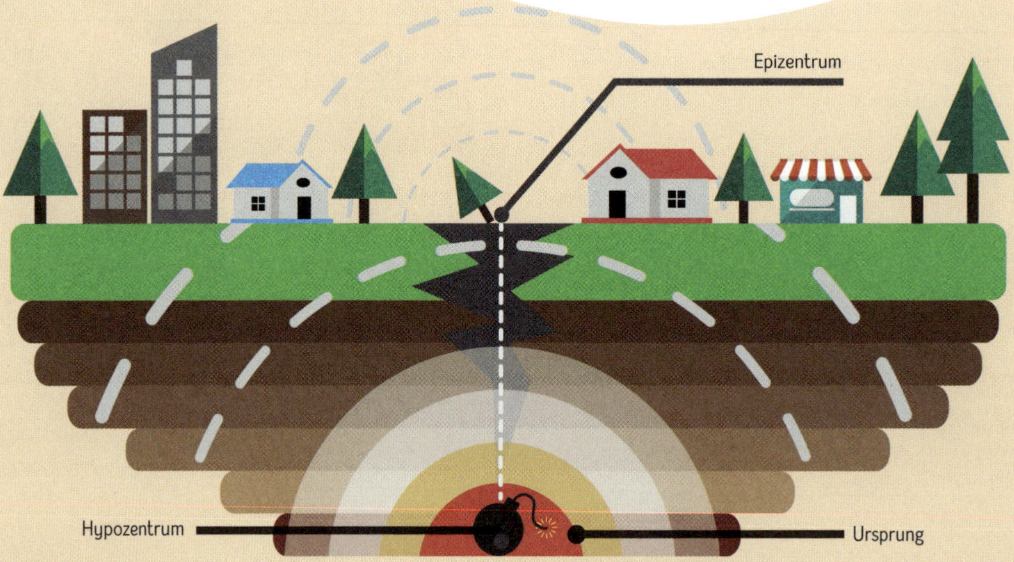

Erdbeben

... sind Erschütterungen bzw. Schwingungen des Untergrunds. Wenn du einen Turm aus Bauklötzen auf einen Stuhl stellst und dann an den Stuhlbeinen rüttelst, setzt du den Untergrund deines Turms in Schwingung. Die Erschütterungen werden ihn zum Einsturz bringen. Etwas Ähnliches passiert bei Erdbeben, die ganze Städte zerstören können.

Erdbeben treten auf, wenn die tektonischen Platten aneinander vorbeirucken und sich dadurch Schockwellen durch den Boden ausbreiten. Die Erschütterungen eines Erdbebens strahlen von einem unterirdischen Punkt aus, dem **Hypozentrum**. Sie breiten sich so ähnlich wie Wasserwellen in einem Teich aus, in den man einen Stein geworfen hat. Wenn die Erschütterungen die Erdoberfläche erreichen, richten sie dort schweren Schaden an. Sie breiten sich von einem Punkt, dem Epizentrum, aus. Das **Epizentrum** liegt genau über dem Hypozentrum. Die von einem Hypozentrum ausgehenden Erschütterungen misst man mit speziellen Geräten, den Seismografen.

↑ Zerstörungen und Gebäudeschäden nach einem Erdbeben

Vulkanausbrüche

... treten vor allem dort auf, wo eine tektonische Platte auf eine andere trifft. Durch die hohen Temperaturen im Erdinneren wird heißes Gestein in Richtung Erdoberfläche getrieben. Die glühend heiße Masse, das Magma, dringt in Spalten und Kanäle im Gestein, quillt heraus und fließt als Lava ins Tal. Dort kühlt sie ab und erstarrt. Weil immer neue Lavaschichten entstehen, wächst der Vulkan in die Höhe. Ragt ein Vulkankegel, der am Meeresboden entstanden ist, aus dem Wasser heraus, bilden sich neue Inseln im Meer.

↑ Das flüssig-heiße **Magma** befindet sich im Inneren der Erde, in der Asthenosphäre. Doch wenn es bei einem Vulkanausbruch aus der Erde quillt, nennt man es Lava.

Der Pazifische Feuerring

Rund um den Pazifischen Ozean gibt es Plattengrenzen. Entlang dieses Pazifischen Feuerrings kommt es immer wieder zu Vulkanausbrüchen oder Erd- und Seebeben.

In Japan zum Beispiel treffen drei Platten aufeinander: die Pazifische, die Philippinische und die Eurasische. Aus diesem Grund wird Japan so oft von heftigen Erdbeben heimgesucht.

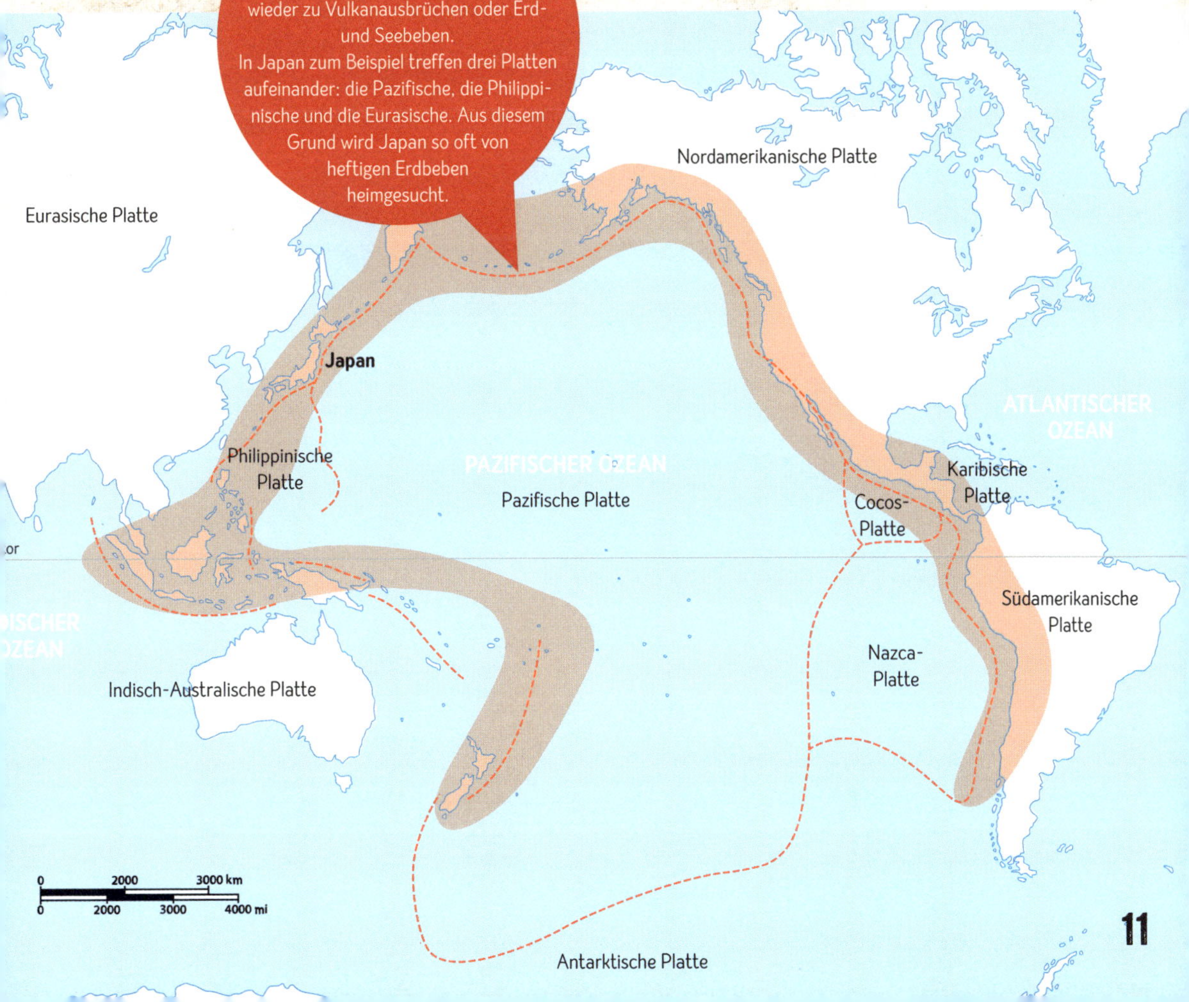

Gesteine

Einen Stein hast du bestimmt schon oft angefasst. Nicht jeder Stein hat dieselbe Farbe oder fühlt sich an der Oberfläche gleich an. Manche Steine sind gesprenkelt, andere einfarbig, manche fühlen sich rau, andere glatt an. Das ist so, weil nicht jeder Stein und jeder Felsen aus denselben Mineralien besteht.

Wenn es um Mineralien geht, werden drei Hauptgruppen von Gesteinen unterschieden, magmatische, metamorphe und Sedimentgesteine.

Magmatische Gesteine ...

... entstehen, wenn Magma, das geschmolzene Gestein aus dem Erdmantel, das über Vulkanausbrüche aus dem Erdinneren nach oben transportiert wurde, abkühlt und erstarrt. Granit ist z. B. so ein magmatisches Gestein. Es enthält viel Quarz, das aus kieselsäurehaltigem Magma stammt. Quarz (Siliciumoxid) ist der Hauptbestandteil von Sand, der als Rohstoff bei der Glasherstellung dient.

Granit

Rosen-Quarz

Metamorphe Gesteine ...

... entstehen durch Hitze und Druck der tektonischen Plattenbewegungen. Gneis ist ein metamorphes Gestein, das durch Verformung und Einschmelzen von Granit entstand.

Sedimentgesteine ...

... bilden sich durch Ablagerung von Teilchen, die an der Erdoberfläche verwittern. Muschelkalk ist z. B. ein Sedimentgestein, das aus zusammengepressten Schalen urzeitlicher Meeresweichtiere besteht.

Gips (Gipsspat)

Muschelkalk

Härte-Vergleich

EXPERIMENT

Du brauchst: viele Steine aus unterschiedlichen Gegenden

So geht's: Nimm aus deiner Steine-Sammlung der Reihe nach jeden Stein in die Hand und versuche damit, in einen anderen zu ritzen.

Was wird geschehen? Die Steine sind nicht alle gleich hart. Mit einem besonders harten Stein kann man einen weicheren einritzen.

Warum? Steine bestehen aus Mineralien. Manche Mineralien enthalten nur ein Element, die meisten bestehen aber aus Verbindungen mehrerer Elemente. In die weichsten Mineralien, Talk und Gips, kann man sogar mit dem Fingernagel ritzen. Kalkspat, Fluorit und Apatit lassen sich mit dem Messer einritzen. Das härteste Gestein, das es gibt, ist der Diamant. In ihn kann man mit anderen Mineralien nicht ritzen, aber er selbst ritzt Glas und alle anderen Mineralien.
Doch um herausfinden, um welche Gesteinsart es sich bei einem bestimmten Stein handelt, genügt der Härtevergleich nicht, dazu brauchst du ein Stein-Bestimmungsbuch.

Mineralien

Mineralien sind Elemente oder Verbindungen, die in Gesteinen vorkommen. Manche Mineralien (z. B. Gold, Schwefel) treten als reine Elemente auf. Andere wie z. B. das Mineral Flussspat (Fluorit), das aus Calciumfluorid besteht, sind Verbindungen.

Fluorit

Erz

... ist ein Begriff aus dem Bergbau. Erze sind im Gestein vorkommende Metallverbindungen, die so viel Metall enthalten, dass es sich lohnt, sie abzubauen, um aus ihnen reine Metalle zu gewinnen: aus Eisenerz z. B. reines Eisen. Das Erz Bauxit enthält das Metall Aluminium.

Eisenerz

Bauxit

Element

= Reinstoff, der chemisch nicht weiter zerlegt werden kann wie z. B. das Gas Wasserstoff (H)

Verbindung

= Stoff, der aus zwei oder mehr Teilchen (Atomen) von zwei oder mehr Elementen besteht wie z. B. die Verbindung Schwefeldioxid (SO_2), das Gas besteht aus den Elementen Schwefel (S) und Sauerstoff (O).

Bergbau und Sandabbau

Um die Lagerstätten bestimmter Gesteine in der Erdkruste zu erschließen und Rohstoffe zu gewinnen, wird überall auf der Welt an geeigneten Standorten Bergbau betrieben. Ein Bergwerk, auch Grube oder Zeche genannt, umfasst verschiedene Anlagen zur Gewinnung, Förderung und Aufbereitung von Bodenschätzen. Als solche gelten z. B. fossile Brennstoffe, Erze wie das Eisenerz, Mineralien wie Gold oder Schwefel, Kali- und Steinsalz, Edelsteine aller Art. Viele der größten Vorkommen metallischer Rohstoffe liegen in den ärmsten Ländern der Erde. Meist muss unter Tage, das heißt unter der Erdoberfläche in Minen und Stollen gegraben werden.

Rohstoffverbrauch und Landschaftszerstörung

Nicht erneuerbare Rohstoffe und Bodenschätze wie Kohle, Erdöl, Erdgas, Mineralgesteine werden heute in so großen Mengen verbraucht, dass sie nachkommenden Generationen nur noch begrenzt zur Verfügung stehen. Für den Bergbau werden großflächig Wälder abgeholzt und Ackerflächen vernichtet. Pflanzen und Tiere verlieren ihren Lebensraum. Bei der Abbautätigkeit werden riesige Mengen an Wasser verbraucht. Oft sinkt der Grundwasserstand im betreffenden Gebiet und Gewässer trocknen aus. Nicht in allen Ländern gibt es Umweltbestimmungen, in denen festgelegt ist, dass die Landschaft nach den Abbaumaßnahmen wieder in einen naturnahen Zustand zurückversetzt werden muss. Dieses Ziel kann ohnehin in vielen Fällen nicht erreicht werden.

Das größte Braunkohlebergwerk in Europa – das deutsche Bergwerk in Hambach. Dort wird nicht unter Tage (in unterirdischen Minen), sondern über Tage, d.h. an der dem Tageslicht ausgesetzten Oberfläche, abgebaut.

Fossile Brennstoffe

Fossilien sind uralte Überreste von Pflanzen und Tieren. **Steinkohle, Braunkohle, Erdöl, Erdgas** sind fossile Brennstoffe, die zu Heizzwecken oder zur Energiegewinnung verbrannt werden. Die Lagerstätten von fossilen Brennstoffen liegen bis zu 3.000 m tief unter der Erdoberfläche. In unterirdischen Gruben wird Kohle, das schwarze oder schwarzbraune Sedimentgestein, abgebaut. Es entstand vor Millionen von Jahren aus abgestorbenem Pflanzenmaterial, das unter Luftabschluss zusammengedrückt wurde. Auch Erdöl und Erdgas sind aus Pflanzen- und Tierresten entstanden.

Fracking gefährdet das Grundwasser

Fracking ist ein Verfahren, mit dem man Erdgas aus undurchlässigem Gestein lösen kann. Dabei wird in die gashaltige Gesteinsschicht gebohrt, meist in 2.000 m Tiefe, oft unterhalb der Grundwasserschicht. Dann wird ein flüssiges Gemisch aus Wasser, Sand und Chemikalien mit hohem Druck in das Gestein gepumpt. Durch Fracking werden wie beim Bergbau Landschaften zerstört. Außerdem kann durch undichte Bohrlöcher das Grund- und Trinkwasser verunreinigt werden.

Sand – ein Rohstoff wird knapp

Weltweit werden jedes Jahr 40 Milliarden Tonnen Kies und Sand abgebaut. Drei Viertel des Sands werden zu Beton und Asphalt verarbeitet. Sand steckt aber auch in Glas, in Kunststoffen, in Glasfaserkabeln und Computerchips. Sand wird einfach überall gebraucht! Das ist auch der Grund dafür, dass er inzwischen auf der ganzen Welt knapp wird. Selbst an vielen Stränden fehlt der Sand. Nach Schätzungen des Umweltprogramms der Vereinten Nationen sind zwischen 75 und 90 % aller Strände betroffen. Zur Rettung der Strände werden vielerorts große Sandmengen aus dem Meer gebaggert und an die Küsten gepumpt. In Florida wird sogar wiederverwertetes, zerkleinertes und zu geschliffenen Körnchen verarbeitetes Glas unter den Sand gemischt, um die Sandstrände zu erhalten!

Was sind Böden?

Der Boden bildet die alleroberste Schicht der Erdkruste. Auf nacktem Felsgestein kann die Bodendecke fehlen oder nur millimeterdick sein. In tropischen alten Landoberflächen kann sie bis 50 m tief in den Untergrund reichen.

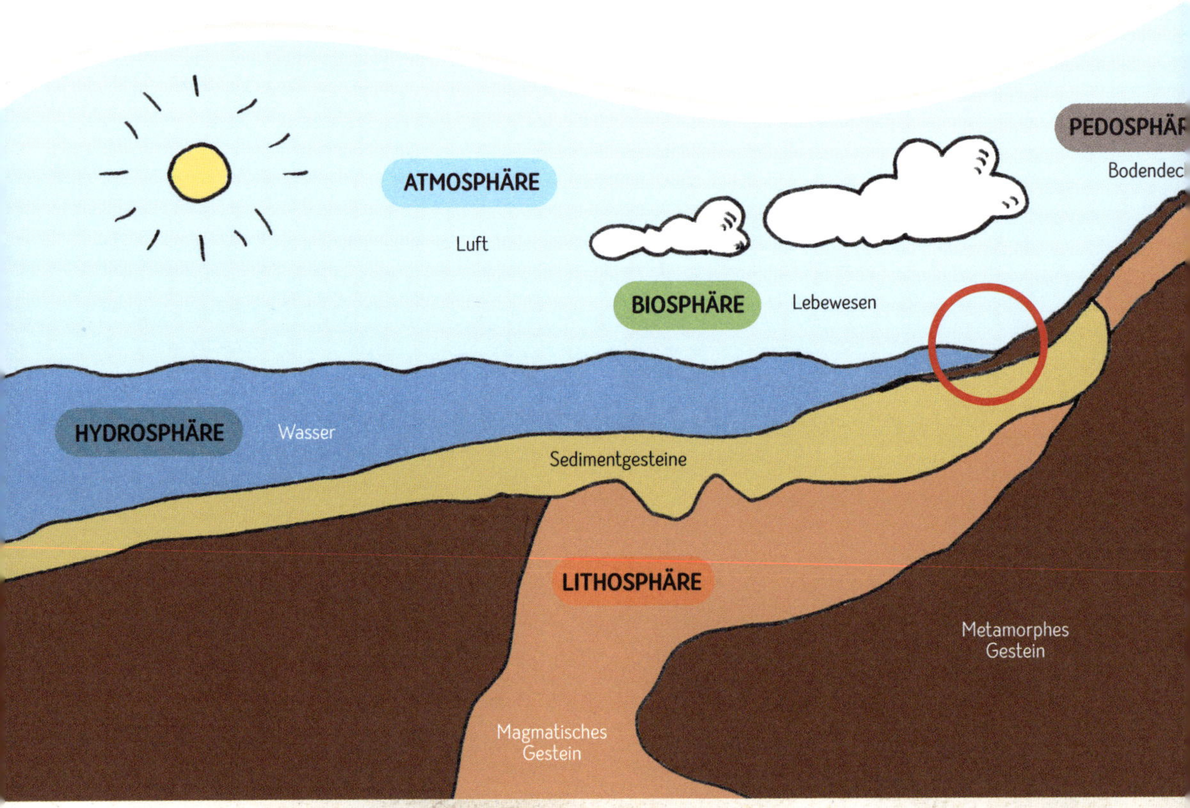

Pedosphäre wird die Gesamtheit aller Böden auf unserer Erde genannt. Sie ist die Trennschicht zwischen Lithosphäre und Atmosphäre.

Alles Griechisch:

- „Litho" = Stein
- „Atmos" = Dunst
- „Hydro" = Wasser
- „Bio" = Leben
- „Pedon" = Erdboden
- „Sphäre" = Kugel

Aus was sich ein Boden zusammensetzt, ist vom Untergrundgestein, der Höhenlage, vom Wassergehalt, von Luft und Klima, vom Pflanzenwuchs und der Nutzung durch Lebewesen abhängig. Im Boden überschneiden sich die Lithosphäre (Gesteinsschichten), die Hydrosphäre (Wasservorkommen), die Atmosphäre (Lufthülle) und die Biosphäre (Lebewesen). Alle vier Bereiche beeinflussen einander im Boden. Das zeigt der rote Kreis.

Je nach Klima und Untergrundgestein haben sich auf unserer Erde vielfältige Böden ausgebildet. So unterschiedlich sie sind, sie alle entstanden aus drei Ausgangsgesteinen:

- aus Magmatischem Gestein (Basalt, Granit oder Tuff),
- aus Sedimenten wie Sandstein oder Mergel,
- aus Metamorphem Gestein wie Schiefer, Gneis oder Marmor.

Böden enthalten:

- mineralisches Material aus Gesteinen,
- organisches Material (d.h. Verbindungen des Kohlenstoffs, die von abgestorbenen Lebewesen stammen),
- Luft,
- Wasser,
- Lebewesen wie Pflanzen, Pilze, Tiere und Mikroorganismen.

Je nach Anteil und Zusammensetzung dieser Bestandteile bilden sich unterschiedliche Böden mit unterschiedlichen Eigenschaften aus.

Bodeneigenschaften können sich ändern, weil die Böden der Sonne, dem Regen und dem Wind ausgesetzt sind, weil Pflanzen auf ihnen wachsen, weil Tiere sie zertreten oder der Mensch Nutzpflanzen auf ihnen anbaut.

Auf sehr steilen Hängen und dort, wo eine sehr große Höhenlage und ein sehr kaltes Klima den Pflanzenwuchs verhindern, gibt es praktisch keine Böden, nur nacktes Felsgestein.

Aus Stein wird Boden

Jeder Stein, jeder Felsen ist draußen ständig den Einflüssen des Wetters ausgesetzt. Durch Sonneneinstrahlung, Wind, Temperaturunterschiede, Frost, Salz oder Wasser wird das Gestein zersetzt, es verwittert und verändert sich.

Unterschiedliche Gesteinsarten zerfallen dabei unterschiedlich schnell: Granit ist zum Beispiel viel beständiger als Sandstein, der fast vollständig aus Quarz besteht und viel schneller verwittert. Je nachdem, wie hart das Ausgangsgestein ist, dauert es 100 bis 10.000 Jahre, bis ein Zentimeter mineralischer Boden neu entstanden ist.

EXPERIMENT

Verwitterung

Du brauchst: 1 Zeitung, 1 großen, schweren Stein

So geht's:

1. Lege eine Zeitung ungeschützt ins Freie. Beschwere sie mit einem Stein, damit sie nicht vom Wind weggeweht werden kann.
2. Schaue nach einigen Monaten nach, wie sich das Papier verändert hat.

Was passiert? Die Zeitung ist in Fetzen gerissen, vergilbt, brüchig und unleserlich.

Warum? Alle Materialien, selbst die härtesten Gesteine, zerfallen irgendwann, wenn sie dem Wasser, den Gasen der Atmosphäre über lange Zeiträume ausgesetzt sind. Die Zeitung wird irgendwann ganz verrottet sein.

Papier verrottet langsam, wenn es den Elementen ausgesetzt ist.

↑ Moose und Flechten lösen mit ihren Säuren Gesteinsoberflächen auf und tragen so zur Verwitterung von Felsen bei.

Frostsprengung

EXPERIMENT

Du brauchst: 1 alte Glasflasche, 1 Eimer, Wasser, Winterwetter mit Minustemperaturen

So geht's:

1. Stelle den Eimer draußen im Garten oder Hof auf.
2. Fülle die Flasche bis oben mit Leitungswasser und schraube sie zu.
3. Stelle die Flasche in den Eimer und lasse sie mehrere Tage dort stehen.

Was passiert?

Aus dem Wasser wurde Eis, die Flasche ist zerbrochen.

Übrigens: Glas wird aus Gesteinsmaterial (Quarzsand) hergestellt!

↑ Frostsprengung im Gestein

Warum? Die Glasflasche wird gesprengt, weil sich das Wasser beim Gefrieren ausgedehnt hat. Ähnlich wie die Glasflasche in unserem Experiment wird auch Felsgestein gesprengt, wenn das in Ritzen und Spalten eingedrungene Wasser gefriert. Das Felsgestein „zerbricht“, Steinblöcke werden abgelöst.

Erosion

↑ Wurzeln können Risse im Gestein durchdringen und es durch ihr Dickenwachstum weiter zersprengen und zerklüften.

Wenn Gesteine zerfallen oder durch Frostsprengung zerkleinert sind, können sich die Bruchstücke bewegen, sie werden verfrachtet. Lose Steinbrocken an einem Berghang rutschen hangabwärts. Regen, Bäche, Flüsse, Wind und Gletschereis transportieren sie weiter und lagern sie an einer anderen Stelle wieder ab. Die Abtragung von Gestein und Boden durch Wasser, Gletscher und Wind nennt man Erosion.

Alles Lateinisch:

- „erodere“ = abnagen, abtragen
- Erosion heißt also Abtragung.

↑ Erosion an einem Berghang

Jeder Boden ist anders

Das ist dir bestimmt schon aufgefallen. Böden sehen nicht alle gleich aus. Schon an der Färbung unterscheiden sie sich. Und am Geruch. Willst du verschiedene Bodenarten näher erkunden?

Geosmin, der Duft der Erde

Den erdigen, leicht muffigen Geruch kennst du bestimmt. Rote Beete und Pilze riechen ähnlich. Chemisch betrachtet ist Geosmin eine Alkoholverbindung. Sie wird hergestellt von bodenlebenden Mikroorganismen, vor allem von bestimmten Bakterien. Sind sie aktiv, kann das auf gute Bodenqualität hindeuten.

Farb- und Geruchsprobe

EXPERIMENT

Du brauchst: durchsichtige Plastikbehälter, Gartenerde, Walderde, Ackererde, Steine, Sand, Lehm

So geht's: Sammle in den Plastikbehältern unterschiedliche Erde. Entferne größere Steinchen und Wurzelreste aus deiner Erdprobe. Befühle nun jede Erdprobe mit der Hand und rieche daran. Rieselt die Erde durch die Finger? Lässt sie sich verformen? Wie ist der Geruch?

Was passiert? Du wirst feststellen, dass Wald- und Gartenerde ganz anders riecht als die Erde von einem Acker. Sand ist praktisch geruchlos. Wald- und Gartenerde sind schwarz oder dunkelbraun, Ackererde viel heller.

Warum? Die Färbung des Bodens wird bestimmt durch die Färbung des Ausgangsgesteins, durch Verwitterung und den Humusgehalt. Das Gestein wird durch Verwitterungsvorgänge zerkleinert und bildet die mineralischen Bestandteile des Bodens. Lebewesen zersetzen abgestorbenes Laub, Pflanzenreste und tote Tiere und verarbeiten diese organischen Materialien zu Humus, der sich mit den mineralischen Bestandteilen durchmischt.

Humus macht Böden fruchtbar

Als Humus bezeichnet man alle abgestorbenen pflanzlichen und tierischen Bestandteile des Bodens. Dunkle Böden wie Waldböden haben meist einen sehr hohen Humusanteil und einen „erdigen" Geruch. Bei hellgrauen Böden liegt der Humusgehalt meist bei weniger als 1 %, bei dunkelgrauen 2–4 % und bei schwarzen Böden bei 8–15 %.

Was ist drin im Boden?

Boden enthält mineralische und organische Bestandteile. Minerale (wie z. B. Quarz, Feldspat, Calcit) sind feste, kohlenstofffreie Stoffe mit einer bestimmten chemischen Zusammensetzung. Organische Stoffe sind Verbindungen, die Kohlenstoffatome enthalten. Diese sind oder waren oft Teil von lebenden Organismen.

Stell dir einen Bodenkrümel als Kreis vor. Dunkelbraun gefärbt sind die Anteile der mineralischen Bestandteile (85–90 %), grün die der organischen Materialien (10–15 %), die von Tieren und Pflanzen stammen.

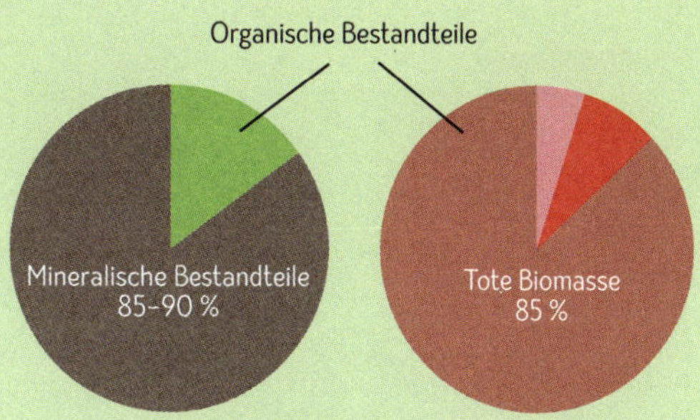

Das grüne Tortenstück im Kreis links entspricht dem rotbraunen Kreis rechts. In ihm sind rotbraun gefärbt die Anteile des toten Tier- und Pflanzenmaterials (Biomasse, 85 %), rot sind die der lebenden Pflanzenwurzeln (8–10 %) und rosa die der lebenden Bodentierchen, Pilze und Bakterien (5–7%).

Was ist ein Bodenprofil?

Um Boden erkunden und vergleichen zu können, wird vor Ort ein sogenanntes Bodenprofil erstellt. Das ist ein senkrecht ausgeführter Schnitt durch einen Bodenkörper. Er reicht von der Oberfläche bis zum anstehenden Felsgestein. Der senkrechte Schnitt durch den Boden zeigt, dass parallel zur Bodenoberfläche verschiedene Schichten verlaufen. Sie sind entstanden durch Verwitterung und andere bodenbildende Vorgänge. An einem Steinbruch oder einer Kiesgrube kannst du diese Schichten gut erkennen.

↑ Mithilfe eines Bohrstocks kann man eine Probe der Bodenschichtung entnehmen.

Manchmal wird das Erdreich aufgegraben, um ein Bodenprofil zu erstellen. Einfacher geht das, wenn man einen Bohrstock mit einem Schonhammer in den Boden treibt. Anschließend wird das Bohrrohr mit einem eingesetzten Griff um 180 Grad gedreht und langsam wieder herausgezogen. Nun lassen sich die Bodenarten der einzelnen Schichten weiter untersuchen und bestimmen.

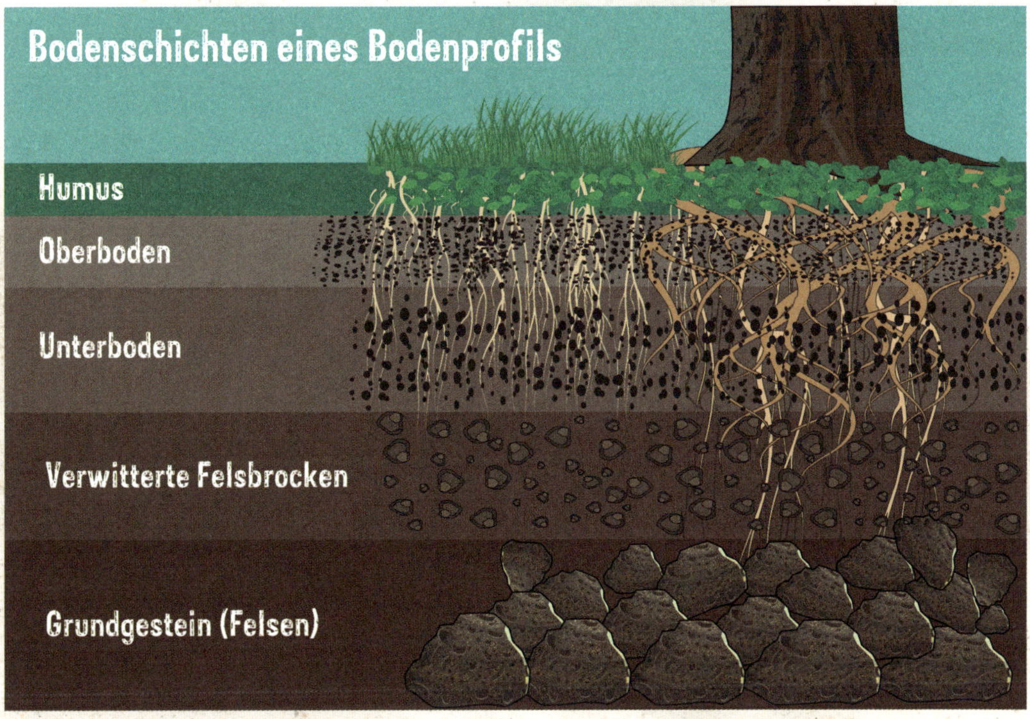

↑ Bodenprofil einer Grube

- **Humus** setzt sich zusammen aus verwittertem Laub, Pflanzenteilen, Rückständen und verschiedenen Abbauprodukten von Tieren und Mikroorganismen (Bakterien, Pilze etc.), die im Boden leben.
- Der **Oberboden** ist der stark durchwurzelte Bereich unterhalb der Humusschicht. Der Humus ist hier mit den verwitterten mineralischen Bestandteilen vermischt. Meist ist er braun oder schwarz gefärbt, mit Wasser, Luft und Pflanzennährstoffen (Nährsalzen) versorgt und wird von Bodenlebewesen besiedelt.
- Der **Unterboden** enthält wenig Humus, ist weniger durchwurzelt und belebt. Im unteren Teil des Unterbodens finden Verwitterungsvorgänge statt. Hier reichern sich auch die durch den Regen vom Oberboden ausgewaschenen Stoffe (z. B. Salze, Tonminerale) an. Der Boden ist hier dichter und oft gelblich braun gefärbt.
- Das **Grundgestein** eines Standorts lässt sich anhand von geologischen Karten bestimmen. Dieser Rohboden besteht aus unverwittertem, teils auch aus verwittertem Gestein, dem Ausgangsmaterial für die Bodenbildung.

Waldböden

Bestimmt warst du schon einmal in einem Laubwald. Im Unterschied zu Acker- oder Wiesenböden wird der Waldboden von Menschen nicht bearbeitet. Abseits der Waldwege lässt sich besonders gut erforschen, was mit ihm passiert und wie er sich im Lauf des Jahres verändert.

Die Humusschicht

... liegt unterhalb der Streuschicht. Dort ist durch die Tätigkeit vieler verschiedener Bodenlebewesen aus dem organischen Pflanzenmaterial schwarzer krümeliger Humus entstanden. Bei günstigen Wärme- und Feuchteverhältnissen kann die Streuschicht im Laubwald innerhalb weniger Monate völlig zersetzt sein. Es kann aber auch bis zu vier Jahre dauern, bis sich unter der Streuschicht Humus entwickelt hat! Die Humusschicht ist oft 30 cm dick, kann aber auch dünner oder noch dicker sein.

Die Streuschicht

Ganz oben im Waldboden, dort wo wir laufen, noch oberhalb der eigentlichen Humusschicht, befindet sich die sogenannte Streuschicht. Sie besteht aus allem, was Bäume im Laufe des Jahres abwerfen oder verlieren: Laub, Knospenschuppen, Holz- und Rindenteilen, Blüten oder Früchten. Da und dort findest du vielleicht auch ein leeres Schneckengehäuse oder ein halb verwestes Tierchen. All diese toten Materialien werden nach und nach von Lebewesen im Boden zerkleinert, aufgefressen, teilweise wieder ausgeschieden oder zu winzigen Stoffteilchen ab- und umgebaut. Der Abbau dauert je nach Standort, Streuzusammensetzung und Wetterbedingungen unterschiedlich lange.

→ Streu im Laubwald, auch Rohhumus genannt

Der Oberboden

Der unter der Humusschicht liegende Oberboden enthält vor allem verwitterte mineralische Bestandteile, teilweise vermischt mit Humus. Doch auf demselben Grundgestein, demselben mineralischen Rohboden, der denselben Wetterbedingungen ausgesetzt ist, können sich je nach Pflanzenbewuchs, Lichtverhältnissen, Bodenstruktur und Aktivität der Bodenlebewesen Böden mit unterschiedlichen Eigenschaften entwickeln. So kann im Laubwald eine wechselfeuchte, mäßig dichte Braunerde, im Nadelwald ein saurer, nährstoffarmer Boden (Podsol) und im gehölzfreien Grünland eine feinkrümelige, lockere Braunerde entstehen.

Organische Stoffe im Boden stammen von Pflanzen, Tieren oder Mikroorganismen oder werden von ihnen im Stoffwechsel gebildet. Sie enthalten alle das Element Kohlenstoff.

Um zu überprüfen, ob ein Boden Bodenlebewesen enthält und damit biologisch aktiv ist, kannst du einen Test durchführen.

EXPERIMENT

Unterhemden-Test

Du brauchst: ein altes weißes Unterhemd, aus (Bio-)Baumwolle (frei von Kunststoffen). Zerschneide es in zwei Hälften.

So geht's: Grabe ein ca. 20 cm großes Loch im Garten und eines im Wald. Lege in jedes Loch eine Hemd-Hälfte. Schütte das Loch mit Erde zu. Merke dir die Stellen! Hole die Stücke nach drei Monaten wieder heraus und untersuche sie.

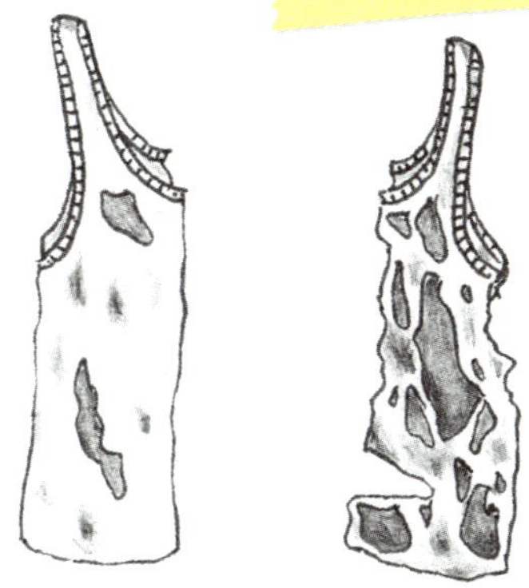

Was passiert? Die Unterhemdstücke sind mehr oder weniger zerlöchert.

Warum? Baumwolle ist ein organisches Material. Bodenlebewesen, darunter Bakterien, haben es zersetzt. Je löchriger das Hemd ist, desto aktiver waren die Bodenlebewesen und desto gesünder ist der Boden. Ist das Unterhemdstück auch nach drei Monaten noch in einem ziemlich guten Zustand, lässt das darauf schließen, dass an der betreffenden Stelle die biologische Aktivität gering ist. Möglicherweise ist hier der Boden verdichtet oder mit Schadstoffen belastet, vielleicht ist er auch zu sauer.

Auenböden

Aue nennt man den Überschwemmungsbereich von Bächen bzw. Flüssen. Die Böden in diesen Uferlandschaften sind vom Grundwasser beeinflusst und geprägt von der Wasserführung des Fließgewässers. Bei hoher Wasserführung (HW) wird die Aue überflutet. Der Fluss lädt die verwitterten Gesteinsteilchen und Schwebstoffe ab, die das Wasser mit sich führt, und versorgt die Böden mit sauerstoffreichem Wasser und Nährstoffen. Bei niedriger Wasserführung (NW) trocknet die Aue wieder aus.

Bei Hochwasser hat der Fluss hier viel Platz, um das Wasser aufzufangen. So sind flussabwärts gelegene Gebiete vor Hochwasser geschützt.

EXPERIMENT

Auenböden untersuchen

Du brauchst: Gummistiefel, einen Erwachsenen zur Begleitung

So geht's: Mache zusammen mit einem Erwachsenen einen Ausflug in eine Bach- oder Flussaue. Schau dir die Bodenarten direkt am Ufer und an weiter vom Wasser entfernten Stellen an. Mache an verschiedenen Stellen die Fingerprobe (S. 28).

Was passiert? Du wirst feststellen, dass sich die Bodenarten je nach Entfernung zum Ufer in ihren Korngrößen unterscheiden. Am Flussufer herrscht grobkörniger, kiesiger Boden vor. Mit wachsender Entfernung vom Ufer wird der Boden sandig, dann schluffig und schließlich lehmig.

Warum? Bei der Ablagerung des vom Wasser mitgeführten Materials sortieren sich die einzelnen Korngrößen. Mit zunehmendem Abstand zum Fluss werden die abgelagerten Sedimente immer feiner, da die Fließgeschwindigkeit abnimmt. Kiesel und schwere Steine können dagegen nur mit einer stärkeren Strömung transportiert werden.

Ablagerung und Schichtmuster

Die Materialablagerungen bei Hochwasser können aus Kies, Flusssand und teilweise zersetzten Pflanzenteilchen (Detritus) bestehen oder aus Auenlehm. Es bilden sich unterschiedliche, geschichtete Auenböden aus. Durch die regelmäßigen Überschwemmungen gelangen außerdem die vom Wasser mitgeführten Schweb- und Nährstoffe auf den Auenboden und machen ihn fruchtbar. Aus diesem Grund wurden und werden viele Auenflächen landwirtschaftlich genutzt. **Auwälder** sind wertvolle Lebensräume und wichtig für den Hochwasserschutz. Der natürliche Pflanzenbewuchs der Aue in Mitteleuropa ist ein artenreicher Mischwald (Auwald) aus Weiden, Erlen, Eschen und Pappeln.

Die Baumkronen fangen Regenwasser auf, Auenböden speichern es, halten es zurück und verlangsamen so den Abfluss.

Abholzung von Auwäldern, Begradigung und Kanalisierung der Flüsse, Bebauung und ackerbauliche Nutzung der Aue sorgen dagegen für einen schnelleren Abfluss und verstärken dadurch die Hochwassergefahr in den flussabwärts gelegenen Gebieten.

Körnig oder fein – mach die Fingerprobe

Die mineralischen Bestandteile des Bodens wie Ton, Schluff und Sand haben unterschiedliche Korngrößen:

Ton Teilchen mit einem Durchmesser kleiner 2 Mikrometer (entspricht 0,002 mm)

Schluff Körner mit einem Durchmesser von 0,002 mm bis 0,063 mm

Sand Körner mit einem Durchmesser von 0,063 mm bis 2 mm

Lehm ein Gemisch aus Sand, Schluff und Ton zu etwa gleichen Anteilen

Fingerprobe

Um den Bodentyp nach Korngrößen zu bestimmen, machst du am besten eine Fingerprobe. Entferne zunächst größere Steinchen und Pflanzenwurzeln. Reibe zuerst etwas Erde zwischen Daumen und Zeigefinger. Wie fühlt sich das an? Nimm dann etwas Erde in die Hand und befeuchte sie leicht mit Wasser. Knete nun so lange, bis der Glanz des Wassers verschwindet. Nun kannst du versuchen, die Erdprobe zu einer kleinen, bleistiftdünnen Wurst zu rollen.

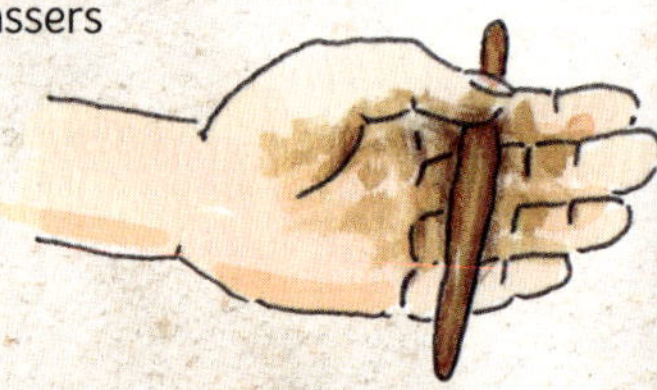

- Toniger Lehm und Tonboden ist glatt und glänzend, gut formbar, lässt sich bis auf halbe Bleistiftdicke ausrollen und färbt die Finger.
- Lehm- und Schluffboden fühlt sich wenig körnig bis mehlig an, ist formbar, lässt sich bleistiftdick ausrollen, zerbröckelt aber dann und haftet in den Fingerrillen.
- Sandboden und lehmiger Sand fühlen sich rau und körnig an, sind nicht formbar und rieseln durch die Finger.

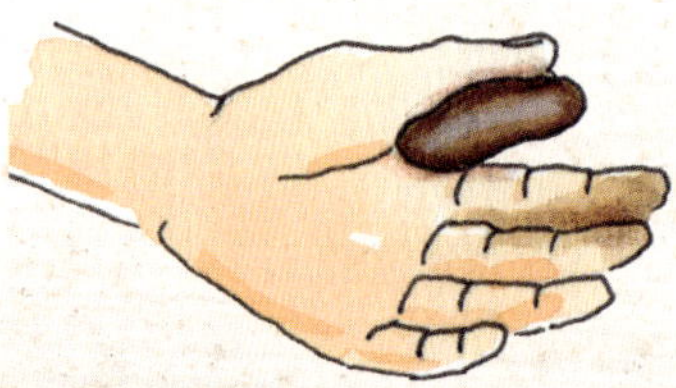

EXPERIMENT

Schlämmung

Du brauchst: 2 leere, saubere Marmeladengläser mit Deckel, 2 Bodenproben, Wasser

So geht's:

1. Fülle in jedes der beiden Marmeladengläser eine Bodenprobe. (Das Glas sollte etwa halbvoll sein.)
2. Eines der beiden Gläser füllst du mit Wasser (fast randvoll) auf.
3. Verschließe beide Gläser fest mit dem Deckel und schüttle sie danach gut durch.
4. Lass die Gläser 24 Stunden stehen.

Was passiert? In einem Glas tut sich gar nichts. In dem mit Wasser aufgeschlämmten Glas entsteht eine Schichtung der Bodenbestandteile: Ganz unten haben sich grobe Sandkörner abgesetzt, dann folgt eine Schicht aus feineren Bodenteilchen wie Lehm. Ganz oben an der Oberfläche schwimmt der Humus, die oberste Bodenschicht.

Warum? Im Erde-Wasser-Gemisch sinken die Bodenteilchen in Abhängigkeit von ihrem Gewicht bzw. ihrer Dichte schneller oder langsamer ab. Schwere Teilchen (z. B. Sand) setzen sich schon nach wenigen Minuten ganz unten ab, leichtere (z. B. Ton) erst nach einem Tag. Noch leichtere (z. B. Pflanzenreste, Humus) schwimmen oben an der Oberfläche.

Lehm

Lehm ist ein hervorragender Baustoff. Tiere haben das noch vor uns Menschen erkannt! Viele verschiedene Vogelarten überall auf der Welt bauen Nester aus oder mit Lehm.

Biber türmen Holz vermischt mit Lehm zu einem Damm auf, um das Wasser im Fluss zu stauen, und tapezieren damit die Wände der Biberburg.

Aber auch kleinere Tiere, zum Beispiel Insekten wie Wespen oder Termiten nutzen Lehm als Baumaterial.

↑ Ein Schwalbennest aus Lehm

Menschen haben seit Jahrtausenden Lehmbauten errichtet. Darunter sind einfache Hütten, aber auch riesige Paläste verziert mit Kuppeln, Bögen und Gewölben. Als ökologischer Baustoff gewinnt Lehm heute wieder zunehmend an Bedeutung, da er schadstofffrei, schwer entflammbar und vollständig wiederzuverwerten ist. Zudem ist das Klima in Lehmgebäuden angenehm. Im Winter schützen Lehmwände vor zu trockener Raumluft, bei Hitze ist es innen schön kühl.

↓ Rauchschwalben sammeln an Flussauen Ton und Lehm für den Nestbau.

↓ Der Rosttöpfer (Furnarius rufus), eine in Argentinien lebende Vogelart, baut ein ofenförmiges Nest aus Lehm.

↓ Termitenhügel in Afrika sind aus Lehm, Speichel und Kot gebaut und können bis zu 8 m hoch werden

↓ Biber an seinem Dam

BASTEL-TIPP

Töpfern mit Lehm

Lehm findest du an Bächen, Seeufern oder in tiefen Baugruben. Er lässt sich gut formen und krümelt nicht. Knete ihn schon draußen mit Wasser durch. Du kannst ihn auch rollen oder pressen. Auch Sandbackförmchen lassen sich damit füllen. Zum Schluss kannst du dein Werk mit Steinchen und Muscheln verzieren oder etwas hineinritzen.
Trockne deine Werke 1–2 Wochen in der Sonne und drehe sie immer wieder um. Deine Lehm-Gefäße sind nun hart, wasserdicht sind sie aber nicht!

Luftgetrocknete Lehmziegel. Der Lehm wird feucht in Form gebracht und dann getrocknet.

Lehmbauten in einem afrikanischen Dorf

Alter Palast in Saudi-Arabien, aus Lehmziegeln gebaut.

Ton

Ton, ein wichtiger Bestandteil von Lehm, besteht aus Mineralien wie Tonerde (Aluminiumoxid), Kaolin, Kieselsäure, Feldspat, Quarz. Das sehr feinkörnige Material eignet sich besonders gut zur Herstellung von Gefäßen. Vermutlich wurde schon vor 30.000 Jahren an verschiedenen Orten der Welt am Lagerfeuer entdeckt, dass Ton nach dem Brennen hart und für Wasser undurchlässig wird. Die ältesten Gefäße und Figuren aus Keramik, gebranntem Ton, sind über 24.000 Jahre alt.

OUT-DOOR

Auf Ton-Suche

Töpferton zum Anrühren kannst du in Bastelläden kaufen oder im Internet bestellen. Mit etwas Glück findest du Ton auch draußen in der Natur, an Flüssen, Bächen, Seeufern oder an einem Tümpel. In einem Plastikeimer mit Deckel kann er lange gelagert werden. Soll er immer „einsatzbereit“ sein, muss er durch eine übergestülpte Plastikhaube feucht gehalten werden.

Gefäße aus Ton

BASTEL-TIPP

Du brauchst: Ton, Arbeitsplatte aus Holz, Schüssel mit lauwarmem Wasser, Schwamm zum Befeuchten und Glätten, Holzbrettchen

So geht's:

1. Knete einen Batzen Ton, drücke ihn flach, sodass ein Kreis entsteht.
2. Rolle weitere Tonbatzen zwischen den Händen oder am Tisch so hin und her, dass dünne „Würstchen" entstehen.
3. Setze die Tonwürstchen auf den Tonkreis, ringsum aufeinander. Jede Reihe muss sehr gut mit der darunterliegenden verbunden werden, indem du innen und außen den Ton gut verstreichst und mit einem feuchten Schwamm glättest.
4. Stelle dein Gefäß auf ein Holzbrettchen und lasse es mindestens eine Woche lang trocknen, am besten in einem kühlen Kellerraum.

Was passiert? Dein Tongefäß wird hart. Als Bleistifthalter ist es gut geeignet, als Vase nicht. Denn wasserdicht wird es erst, wenn du es in eine Töpferwerkstatt zum Brennen bringst. Ein Backofen eignet sich dafür nicht, denn beim Brennen von Ton müssen mindestens 600 °C erreicht werden.

↑ Mit einer Töpferscheibe aus Holz oder Metall lassen sich ganz besonders gleichmäßige runde Gefäße formen. Die horizontal drehende Scheibe wird meist mit dem Fuß in Bewegung versetzt. Ein Tonbatzen, der in der Mitte der Töpferscheibe liegt, wird mit der Hand ausgehöhlt und zwischen den Fingern in die Höhe gezogen, so dass eine glatte Wand entsteht.

Keramik lässt sich nach dem Brennen in einer Töpferwerkstatt glasieren.

↑ Trockene, ungebrannte Tonfiguren kannst du mit Plakafarben bemalen.

Luft und Wasser im Boden

Böden bestehen nicht nur aus festen mineralischen Bestandteilen und aus Humus. Sie enthalten auch luftgefüllte Hohlräume, die man Poren nennt. Etwa zur Hälfte sind sie mit Wasser gefüllt. Die Durchlüftung im Boden hängt ab von der Bodenart und ihrem Humusgehalt. Finde heraus, ob Waldboden oder Ackerboden mehr Bodenluft enthält!

EXPERIMENT

Bodenluft messen

Du brauchst: 3 Biergläser, wasserfesten Filzstift, Messbecher, 3 unterschiedliche Bodenproben (z. B. Gartenerde, Ackererde, Walderde), Wasser

So geht's:

1. Nimm den Messbecher und fülle 100 ml Wasser jeweils in ein Bierglas. Markiere den Wasserstand mit dem Filzstift auf dem Glas. Leere die Biergläser anschließend aus.
2. Fülle jedes Bierglas bis zur Markierung mit einer Erdprobe.
3. Gieße vorsichtig jeweils 100 ml Wasser auf die drei Erdproben, sodass jedes Glas nun 200 ml enthält. Markiere den Wasserstand jedes Glases erneut.

Was passiert? Je nach Bodenart steigen anfangs unterschiedliche Mengen an Luftblasen auf. Später sinkt der Wasserstand, je nach Bodenart unterschiedlich.

Warum? Das Wasser verdrängt die Luft aus den Bodenporen. Der Anteil in jedem Glas, der bis 200 ml fehlt, ist der Anteil der verdrängten Bodenluft. Du erkennst, dass humusreiche, grobporige Böden wie Waldböden mehr Luft enthalten als humusarme, feinkörnige, zusammengepresste Ackerböden.
Die Vorgänge, die du in unserem Experiment beobachtet hast, finden auch draußen in der Natur statt. Immer wenn es stark regnet, dringt das Wasser in die Bodenporen und verdrängt die Luft. Auf verdichteten Böden bilden sich häufig Pfützen, weil das Wasser nicht gut nach unten abfließen kann.

Lebewesen brauchen Sauerstoff

Luft enthält das Gas Sauerstoff, das wir mit jedem Atemzug aufnehmen und das wir zum Leben brauchen. Auch die meisten Mikroorganismen im Boden benötigen Sauerstoff, um organische Stoffe im Boden abzubauen. Doch sind die Bodenporen dauernd wassergesättigt, fehlt Luft und damit Sauerstoff. Nun sind nur noch die Bakterien aktiv, die keinen Sauerstoff brauchen. Wenn sie ihre Zersetzungsarbeit beginnen, bilden sich im Boden Faulgase wie Methan und Schwefelwasserstoff, der Boden stinkt nach faulen Eiern.

Infiltration – die Versickerung von Wasser im Boden

Erst wenn das Wasser in den Untergrund versickert ist, kann frische Luft von oben in die Bodenporen nachfließen. In verdichteten, zusammengepressten Böden versickert das Wasser nicht so schnell wie in lockeren, grobkörnigen Böden wie z. B. im Sand. Je nach Bodenbeschaffenheit und Tiefe der Grundwasserschicht kann es mehrere Jahre dauern, bis das Regenwasser in der Tiefe, im Grundwasser, ankommt.

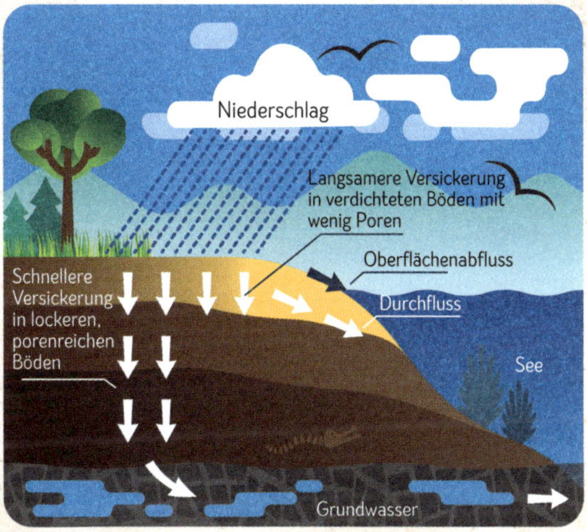

Bodenverdichtung

Durch schwere Fahrzeuge in der Landwirtschaft, durch Fahrspuren auf Wegen oder Tritte von Tieren oder Menschen können Böden verdichtet werden. Das Wasser kann nun nicht mehr so gut nach unten abfließen. Es entstehen Pfützen und manchmal auch Staunässe.

Der Boden – ein riesiger Filter

Mit einem Sieb oder Filter kannst du flüssige und feste Stoffe voneinander trennen, wie z. B. feste Teeblätter von der heißen Teeflüssigkeit. Böden enthalten zwar weder Siebe noch Filterpapier, aber auch sie können filtern. Wie sie das machen, kannst du ausprobieren!

EXPERIMENT

Filter im Boden

Du brauchst: 1 leeren Blumentopf (mit Loch im Boden), 1 Kaffeefilter-Tüte aus Papier, 1 großes Einmach- oder Marmeladenglas, kleine Kieselsteine, Sand, Blumenerde, 1 Becher, 1 Esslöffel, Leitungswasser

So geht's: Stecke einen Kaffeefilter in einen Blumentopf. Fülle in den Filter zuerst eine dicke Schicht Kies, dann Sand und am Schluss Erde. Stelle den Blumentopf auf ein Einmach- oder Marmeladenglas. Fülle einen halben Esslöffel Erde in den mit Wasser gefüllten Becher und rühre mehrmals um, sodass das Wasser schmutzig braun aussieht. Gieße das mit Erde vermischte Wasser auf die Erdschicht im Blumentopf.

Was passiert? Das Wasser kommt nicht mehr dunkelbraun, sondern ziemlich klar im Einmachglas an.

↑ Ein Teesieb filtert Teeblättchen aus der Teeflüssigkeit.

Warum? Das Wasser, das von den Sand-, Kies- und Erdschichten nicht festgehalten wird, sickert durch bis zum Abflussloch des Blumentopfs und sammelt sich schließlich im Marmeladenglas. Die Sand- und Kiesschicht hält grobe Schmutzteilchen, der Papierfilter feine Schmutzteilchen zurück, sodass das Wasser viel klarer aussieht, wenn es unten ankommt. Deinen Filter kannst du mit der Filterwirkung des Erdbodens vergleichen.

Filterung des Regenwassers

Regenwasser ist nicht sauber! Es enthält (ebenso wie Schnee und Hagel) Luftschadstoffe, Staub und Keime, die mit den Niederschlägen aus der Atmosphäre ausgewaschen werden. Das Wasser sickert in den Boden und gelangt über Risse und Spalten des Gesteins bis in unterirdische Hohlräume. Auf seinem Weg durch die Bodenschichten kann das Wasser Mineralstoffe aus dem Gestein lösen und mit sich führen. Während es die Kies-, Sand- und Gesteinsschichten passiert, wird es – ähnlich wie in deinem Blumentopf-Filter – gefiltert und sammelt sich (nach etwa 50 Tagen) mineralstoffhaltig, aber klar und sauber in unterirdischen Bächen, Flüssen und Seen. Von dort gelangt das Grundwasser über Quellen oder Brunnen wieder an die Oberfläche.

Die gefilterten Stoffe bleiben im Boden. Einige davon können von Bodentieren und Mikroorganismen abgebaut und umgewandelt werden. Doch nicht alle Stoffe sind abbaubar. Giftstoffe wie z. B. das Blei aus Autoabgasen reichern sich im Boden an und vergiften ihn allmählich. Wasserlösliche Stoffe (z. B. Mineraldünger) können mit dem Regen ins Grundwasser hinabsickern (S. 75).

Filtervergleich

Nicht jeder Boden filtert gleich gut. Nicht alle können große Mengen an Wasser von Fremd- und Schadstoffen reinigen. Um zu sehen, welche Böden gut und welche weniger gut filtern, kannst du das Filterexperiment abwandeln und verschiedene Erdproben (Sand, sandiger Boden, Humus, tonhaltiger Boden) einzeln miteinander vergleichen. Statt Leitungswasser verwendest du Tintenwasser oder dunklen Fruchtsaft, für jede Probe dieselbe Menge.

Bei der Filterung im Boden werden alle Elemente und Verbindungen, die im Bodenwasser gelöst sind, darunter auch Schadstoffe, an Humus- und Tonpartikeln gebunden. Je weniger gefärbt die Flüssigkeit ist, die in den Auffangbehälter tropft, umso größer ist die Filterwirkung des Bodens. Die im Wasser gelösten Farbstoffteilchen bleiben mal besser, mal schlechter im Boden „hängen". In toniger Erde können sich die Farbteilchen besonders gut anlagern und so festgehalten werden. Am besten entfärbt und damit gefiltert wird das Wasser in tonig-lehmigen und humusreichen Böden. Stark sandige Böden zeigen dagegen nur eine sehr geringe bis keine Filterwirkung.

Der Boden – ein wichtiger Wasserspeicher

Ein Schwamm kann Wasser speichern. Wenn du ihn auspresst, gibt er das Wasser wieder ab. Lässt du den nassen Schwamm liegen, trocknet er allmählich aus. Wie ein Schwamm hat auch der Boden viele winzige Hohlräume, die man Poren nennt (S. 52). Regnet es, füllen sie sich mit Wasser. Je winziger die Poren sind, desto stärker wird das Wasser eine Zeitlang festgehalten und kann nicht schnell nach unten abfließen. Je mehr Poren vorhanden sind, desto größer wird die Oberfläche und damit das Speichervermögen eines Bodens. Ist das Wasser nach und nach in die Tiefe gesickert, kann von oben wieder Luft in die Poren strömen.

Der Waldboden als Wasserspeicher

Wälder sind hervorragende Wasserspeicher und können die Hochwassergefahr bei Starkregen deutlich senken. Ein Teil des Regenwassers wird bereits von den Baumkronen zurückgehalten. Der größte Teil tropft jedoch auf den Waldboden. Moose und die oberen, humusreichen Erdschichten nehmen sehr große Regenwassermengen auf und speichern sie. Wieviel Wasser der Boden selbst speichern kann, hängt ab von der Art der Körnung der Bodenteilchen, vom Humusanteil und von der Größe und Anzahl der Bodenporen. Unter einem Quadratmeter Waldboden können sich bis zu 200 Liter Wasser befinden! Die durch Kleintiere im Boden geschaffenen Gänge und Hohlräume lassen das Wasser aber nach und nach in tiefere Bodenschichten sickern (S. 52).

Nicht bebaute Böden nehmen das Regenwasser auf und speichern es. Das schützt vor Hochwasser.

Auf bebauten Flächen kann das Regenwasser nicht nach unten abfließen. Es wird über die Kanalisation abgeleitet und gelangt von dort über unterirdische Rohre in eine Kläranlage oder direkt in ein Fließgewässer. Die rasche Ableitung großer Wassermengen kann bei Starkregen die Hochwassergefahr im Fluss erhöhen und zu Überschwemmungen und Erosion führen.

Wasserspeicher-Vergleich

EXPERIMENT

Du brauchst: verschiedene Bodenproben (Sand, Lehm, Garten-, Acker- und Walderde), für jede Bodenart einen Blumentopf mit Loch und ein Einmachglas, Kaffeefilter-Tüte, Messbecher, Wasser

So geht's:

1. Lege jeden Blumentopf mit einem Filter aus.
2. Fülle in jeden Filter die Erdprobe bis 2 cm unter den Rand.
3. Setze die gefüllten Blumentöpfe auf die Einmachgläser.
4. Gieße über jede Bodenprobe jeweils 200 ml Wasser.

Was passiert? Ein Teil des Wassers fließt durch das Loch des Blumentopfs in das Glas. Die Wassermengen, die im Glas landen, sind unterschiedlich. Humusreiche Walderde hält mehr Wasser zurück als Sand.

Warum? Wie gut ein Boden Wasser speichert, hängt ab von den mineralischen und organischen Bestandteilen. Sie bestimmen auch die Porengröße. Je feinkörniger und feinporiger ein Boden ist, desto größer ist seine Speicherfähigkeit.
Boden, der vor allem aus Grobsand besteht, kann nur wenig Wasser halten. Es versickert schnell und kann nicht gespeichert werden. Schluffböden verlieren ihr Wasser dagegen nur langsam. Sie enthalten viele mittelgroße Poren, die Wasser lange speichern können, aber auch Luft enthalten. Pflanzen werden so gut mit Sauerstoff, Wasser und Nährstoffen (Mineralsalzen) versorgt. Humusteilchen verbessern zusätzlich das Speichervermögen. Sie können sich mit einer Wasserhülle umgeben und auf diese Weise viel Wasser im Boden speichern.

Der Boden – Nährstofflieferant für Pflanzen

Pflanzen sind imstande, aus Wasser und dem Gas Kohlenstoffdioxid aus der Luft mit Hilfe von Sonnenlicht ihre Nahrung (Zucker) selbst herzustellen (S. 46). Damit sie gut wachsen, brauchen sie zur Ergänzung ihrer selbst hergestellten Nahrung weitere Stoffe, die sie im Boden vorfinden. Die wichtigsten wachstumsfördernden Mineralstoffe sind Stickstoff, Kalium, Phosphor, Magnesium, Schwefel und Calcium. Aber auch Eisen, Nickel, Zink, Kupfer und Chlor wirken sich auf das Pflanzenwachstum aus.

Pflanzen können nur im Wasser gelöste Nährstoffe aufnehmen. Düngerkörnchen lösen sich im Boden durch Wasser auf.

Vorsicht! Überdüngung!

Überschüssige Nährstoffe überdüngen den Boden. Enthält er zu viel Stickstoff, können die Pflanzen krank und anfällig für Pilzinfektionen werden. Bevor man düngt, sollte man daher immer wissen, wie hoch der Nährstoffbedarf einer Pflanze ist. Weniger Fehler macht man mit nährstoffreichem Kompost (S. 94). Er lässt sich nicht nur in Gemüsebeete einarbeiten, man kann auch Blumenbeete und sogar den Rasen damit düngen.

Düngemittel

Wir Menschen bauen für unsere Ernährung Kulturpflanzen (z. B. Getreide, Gemüse) an. Um das Wachstum dieser Nutzpflanzen zu fördern, werden in der Landwirtschaft große Mengen an Düngemitteln in den Boden eingebracht. Man unterscheidet dabei:

- **Organische Dünger** wie Kompost, Mist, Gülle, Jauche, die Nährsalze (wie z. B. stickstoffhaltiges Nitrat) enthalten, die im feuchten Boden direkt von den Wurzeln der Pflanzen aufgenommen werden können. Kompost und Mist durchlüften gleichzeitig den Boden und fördern Bodenlebewesen.
- **Mineralische Dünger,** die künstlich hergestellte Nährsalze enthalten, die sich im Wasser auflösen und dann von der Pflanze aufgenommen werden können. Kunstdüngemittel enthalten allerdings mehr Phosphor und Stickstoff, als die meisten Pflanzen brauchen. Die Nährstoffe werden gar nicht alle aufgenommen, bleiben im Boden oder werden vom Regen ausgewaschen und in Gewässer gespült.

↑ Auch Topfpflanzen brauchen Erde, die Nährstoffe enthält.

Wachstumsvergleich

Nur mit Hilfe eines Erwachsenen!

EXPERIMENT

Du brauchst: Sand, Gartenerde, 4 kleine Blumentöpfe, 2 Sprühflaschen, Flüssigdünger, destilliertes Wasser (z. B. Bügelwasser oder Wasser aus dem Trockner), Kressesamen

So geht's: Bitte einen Erwachsenen, den Pflanzendünger nach Vorschrift mit Wasser zu verdünnen und ihn in eine der beiden Sprühflaschen zu füllen. Fülle destilliertes Wasser in die andere Sprühflasche. Fülle zwei Blumentöpfe mit Gartenerde, die anderen beiden mit einem Gemisch aus Sand und Gartenerde. Bestreue jeden Blumentopf mit etwa 20 Kressesamen. Besprühe etwa fünf Tage lang von jeder Bodenprobe eine nur mit destilliertem Wasser, die andere nur mit Düngerlösung.

Was passiert? Die Kressesamen keimen aus und wachsen. Das beste Wachstum zeigen die Kressepflänzchen auf der mit Düngerlösung besprühten Gartenerde. Am schlechtesten wachsen sie auf nicht gedüngtem Sandboden.

Warum? Im Sandboden mit seinen groben Poren ist das Wasser für die Pflanzenwurzeln nicht gleichmäßig verfügbar, im nicht gedüngten Sandboden-Topf fehlen außerdem Nährstoffe. Die Gartenerde enthält Nährstoffe, die die Pflänzchen mit ihren Wurzeln aufnehmen können. Die Düngemittel fördern das Wachstum zusätzlich.

Wie sich die Bodenqualität, insbesondere das Nährstoffangebot, auf das Wachstum von Pflanzen auswirken, kannst du testen!

Der Boden – ein echter Recycler

Leere Flaschen bringst du in die Glassammelstelle. Das Altglas kann nun zerkleinert, eingeschmolzen und zu neuen Flaschen und Gläsern verarbeitet werden. Eine ähnliche Wiederverwertung (Recycling) findet auch im Boden statt: Tote Pflanzen und Tiere im oder auf dem Boden werden zerkleinert, von Mikroorganismen ab- oder umgebaut und die entstehenden Nährstoffe den Pflanzen wieder zur Verfügung gestellt.

Der Stoffwechsel im Boden kann jedoch nur dann stattfinden, wenn ausreichend Wasser, Luft und eine reiche Vielfalt an Bodenlebewesen vorhanden sind. Ist das der Fall, bildet sich eine gesunde Humusschicht aus.

→ Regenwürmer

Kompost wird zu Humus

EXPERIMENT

Du brauchst: rohe Gemüse- und Obstreste, Laub, Holzkiste

So geht's: Stelle die Kiste in den Garten oder in den Hinterhof. Fülle die Kiste nach und nach mit organischem Material (Laub, Gemüse-, Obstreste). Verwende am besten nur Biogemüse. Mit Pestiziden behandelte Orangen- und Bananenschalen lässt du weg.

Was passiert? Die Abfälle verfärben sich und zerfallen in kleinere Teile. Nach vielen Wochen hat sich Kompost gebildet.

Warum? Gemüse und Obst sind organisches Material, das nach und nach verrottet. Kleintiere (z. B. Würmer oder Fliegenmaden) zerkleinern es, Bakterien, winzigkleine Pilze und andere Mikroorganismen bauen die Pflanzenreste weiter ab. Noch nicht vollständig zersetztes organisches Material bezeichnet man als Kompost oder Rohhumus, der oft noch verholzte Pflanzenteile enthält. Humus mit seiner feinen Krümelstruktur entsteht daraus erst, wenn Bodenlebewesen ihre Abbauarbeit weitgehend beendet haben.

Im Humus sind die Gemüse- und Obstreste abgebaut zu Nährstoffen (Nährsalzen), die die Pflanze aus dem feuchten Boden aufnehmen und zum Wachsen wiederverwerten kann. Je höher der Humusgehalt eines Bodens ist, umso besser ist die Nährstoffversorgung der Pflanzen und um so fruchtbarer ist der Boden.

Bodenfachleute unterscheiden drei Humusformen:

- **Rohhumus**: Unvollständig zersetzte, meist nasse Streuschicht, in der die Pflanzenreste noch gut zu erkennen sind. Auf sauren, nährstoffarmen Böden bilden die nicht zersetzten Pflanzenreste (z. B. Nadelblätter) eine Auflage über dem Mineralboden. Der Stoffabbau ist hier gehemmt, die Durchmischung der Bodenschichten gering.
- **Moder:** Auf sauren, nährstoffarmen Böden. Vermoderte Pflanzenreste sind zum Teil noch erkennbar. Auch hier ist der Stoffabbau gehemmt, bei feuchten Verhältnissen Modergeruch.
- **Mull:** Biologisch aktive Humusform mit vielen Bodenlebewesen. Pflanzen- und Tierreste sind hier völlig zersetzt, vermodert und von Bodentierchen mit mineralischen Bodenbestandteilen vermischt worden. Typisch sind Wurmkothaufen und Krümel.

↑ Rohhumus im Nadelwald

↑ Wurmkothäufchen

Der Boden – ein ausgleichender Puffer

Zitronensaft schmeckt sauer, er enthält Säuren. Auch Böden enthalten Säuren, manche mehr, manche weniger. Andere sind gar nicht sauer, sondern basisch. Wie hoch der natürliche Säuregehalt eines Bodens ist, hängt von vielen Faktoren ab, darunter vom Ausgangsgestein, vom Bewuchs und vom Rohhumus an der Oberfläche. Ist der Boden im Laub- oder im Nadelwald saurer? Schauen wir uns mal den Humus von beiden Bodenarten an!

EXPERIMENT

Humus untersuchen

Du brauchst: Erde aus einem Laub- und einem Nadelwald, 2 kleine Plastiktüten, Zeitungspapier, Lupe

So geht's: Grabe in einem Laub- und anschließend in einem Nadelwald bis etwa 20 cm tief in den Boden und fülle von jedem Bodentyp in jede Plastiktüte etwas Erde. Schütte die Erdproben getrennt voneinander auf Zeitungspapier. Vergleiche ihre Farbe und Zusammensetzung mit der Lupe.

Was passiert? Der Boden aus dem Laubwald enthält sehr viel mehr Humus als der des Nadelwalds. Der Boden aus dem Fichtenwald enthält kaum Humus, nur viele Nadelblätter.

Warum? Nadelstreu ist schwer abbaubar und hat einen sehr niedrigen Nährstoffgehalt. Der Stoffabbau im Nadelwald-Boden funktioniert daher nicht richtig, die Durchmischung der Bodenschichten ist gering. Während die Streu eines Laubwalds meist spätestens nach vier Jahren völlig abgebaut ist, kann das beim Nadelwald bis zu 350 Jahre dauern!
Im Nadelwald reichert sich zwar Rohhumus an, doch die Nährstoffe werden schlecht freigesetzt oder sind für Pflanzen nicht verfügbar. Der Boden von Laubwäldern enthält sehr viel mehr Humus, ist biologisch aktiver und kann Säureeinträge viel besser abpuffern.

↓ Eine Nadelstreu-Auflage ist schwer abbaubar und versauert den Boden.

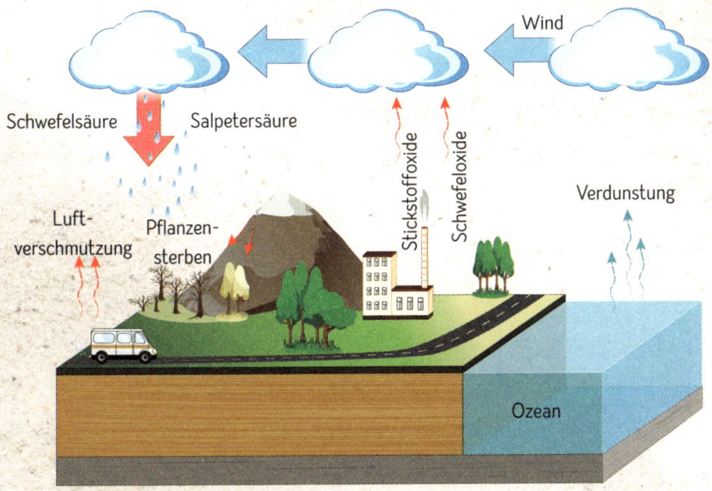

Saurer Regen

Manche Düngemittel und Niederschläge können Böden dauerhaft sauer machen: Wenn Luftschadstoffe wie z. B. Schwefeloxide (SO_2) und Stickstoffoxide (NO_2) aufsteigen und bis in die Wolken gelangen, reagieren sie dort mit den Wassertröpfchen. Es bilden sich starke Säuren wie Schwefelsäure und Salpetersäure, und plötzlich sind die Regentropfen so sauer wie Essig. Wenn der Wind die Luftschadstoffe weit weg vom Entstehungsort transportiert, kann saurer Regen oder Schnee auch in Gebiete gelangen, in denen es gar keine Kraftwerke oder Fabriken gibt, zum Beispiel in Wälder.

Versauerung

Werden dem Boden durch Düngemittel oder Niederschläge ständig Säuren zugeführt, mehr als er abpuffern kann, reagieren Pflanzen und Bodenorganismen darauf sehr empfindlich. Wurzeln werden beschädigt, Keimung und der Pflanzenstoffwechsel funktionieren nicht mehr richtig, viele Pflanzen, darunter auch Bäume, sterben ab.

Monokulturen aus Nadelbäumen (z. B. Fichtenwälder) verstärken die Versauerung der Böden und sind besonders anfällig für Schäden durch sauren Regen. Da beim Abbau der Nadelstreu Säuren entstehen, ist der Boden bereits sauer, zusätzliche Säurezufuhr kann er nicht mehr abpuffern, die Nadelgehölze sterben ab.

Die Pufferfähigkeit des Bodens

Säureeinträge kann der Boden zum Teil abfangen, wie ein Stoßdämpfer, der Schläge auffängt und ausgleicht. Fachleute sagen dazu abpuffern. Eine besonders wichtige Rolle spielt der Kalkanteil im Boden, denn Kalk kann Säure „einfangen“ und damit eine Versauerung des Bodens verhindern. Basische, humus- und tonreiche Böden können Säureeinträge besser abpuffern als humusarme und sandige Böden.

Pflanzen brauchen Böden

Die meisten Pflanzen wachsen aus dem Boden. Manche mögen es sonnig, trocken und nährstoffarm, andere gedeihen nur auf feuchtem oder beschattetem Untergrund. Trotz aller Unterschiede haben Blütenpflanzen eins gemeinsam: Sie bestehen aus Stängel, Blättern, Blüten und Wurzeln.

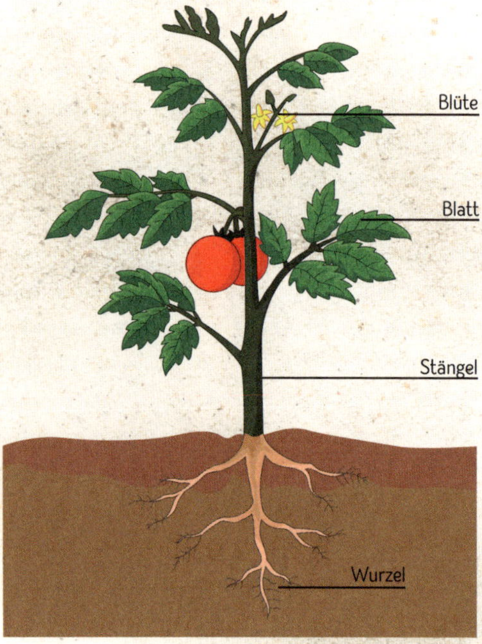

Das **Blatt** ist eine Lebensmittelfabrik mit Kraftwerk, in dem Zucker hergestellt wird.

Die **Blüte** kann eine Frucht bilden, in der sich Samen befinden.

Der **Stängel (oder Stamm)** stützt die Pflanze. In ihm befinden sich winzige Röhren, die das von den Wurzeln aufgenommene Wasser in die Blätter und Blüten transportieren. Die Blätter helfen dem Stängel beim Wassertransport. Durch kleine Löcher an der Blattunterseite geben sie Wasser ab. So bildet sich ein Sog, der das Wasser nach oben leitet.

Die **Wurzel** verankert die Pflanze im Boden. Feine Wurzelhärchen nehmen Wasser und darin gelöste Nährsalze aus der nassen Erde auf. Wurzeln sind aber auch Speisekammern, in denen die selbst hergestellten Zuckervorräte in Form von Stärke gespeichert sind.

Nahrungsergänzung aus dem Boden

Bei der Fotosynthese stellt die Pflanze aus dem Gas Kohlenstoffdioxid und Wasser mit Hilfe von Sonnenlicht ihre Nahrung, Zucker, her. Zur Nahrungsergänzung braucht sie weitere Stoffe, die sie - meist in Form von in Wasser gelösten Salzen - mit den Wurzeln aus der Erde aufnimmt. Fehlen diese Stoffe, kann die Pflanze bestimmte Zellbestandteile nicht aufbauen. Magnesium ist zum Beispiel ein Teil des grünen Blattfarbstoffs Chlorophyll. Fehlt Magnesium, bleiben die Blätter gelb. Durch Zugabe von Dünger (S. 41) können die fehlenden Nährstoffe ergänzt werden.

GARTEN-TIPP

Küchenkräuter gedeihen auch im Topf. Doch wenn die Erde durchzogen von Wurzeln ist, braucht die Pflanze einen größeren Topf und frische Erde. So kannst du sie umtopfen:

Du brauchst: Zeitungspapier, 1 neuen Blumenkasten (oder 1 Topf) aus Ton oder Plastik mit Löchern im Boden, 1 passenden Untersetzer, Kies oder Tonscherben, Kräutererde, 1 Schaufel oder 1 alten Löffel, 1 Gießkanne

So geht's: Lege deinen Arbeitsplatz mit Zeitungspapier aus und stelle Topf, Erde und Pflanze bereit. Entferne die alte Erde von der Pflanze und lege ihren Wurzelballen frei. Sei vorsichtig, damit die feinen Wurzelhaare nicht verletzt werden. Gib eine 2 cm hohe Kiesschicht in den Topf oder lege den Boden mit Tonscherben aus. Fülle etwas frische Kräutererde ein. Stelle die Pflanze in die Mitte des Topfes, schaufle rundum weitere Erde in den Topf und drücke sie fest. Stelle den Topf auf den Untersetzer und gieße deine Pflanze.

Diese Pflanze muss umgetopft werden.

→ Dieser Pflanze fehlen wahrscheinlich einige Nährstoffe.

Wie Wurzeln den Boden beeinflussen

Pflanzen sind vom Boden abhängig, auf dem sie wachsen, von seinem Nährstoff-, Luft- und Sauerstoffgehalt. Sie selbst verändern aber auch die Eigenschaft des Bodens und können ihn mitgestalten. Über ihre Wurzeln geben sie Kohlenstoffverbindungen an ihn ab und ernähren dadurch Mikroorganismen im Boden.

Manche Gehölze bilden sehr lange Wurzeln aus.

Die meisten Pflanzenwurzeln bilden ein Wurzelsystem aus Grob- und Feinwurzeln aus:

- Grobwurzeln sind kräftig und oft auch verholzt. Sie stabilisieren die Pflanze und fördern die Bodenbildung, indem sie unterirdisches Gestein sprengen.
- Feinwurzeln mit ihren Wurzelhaaren bilden ein dichtes Geflecht im Boden, das den Boden vor Abtragung und Erosion schützt.

Wurzelhaare nehmen Wasser und darin gelöste Mineralstoffe aus dem Boden auf. Nur junge, wachsende Wurzeln besitzen Wurzelhaare. Sie bestehen aus einer einzigen Zelle und sind meist nur wenige Tage lebensfähig.

Forschende haben Wurzeln ausgegraben und gemessen. Dabei haben sie festgestellt, dass das Wurzelsystem einer vier Monate alten Roggenpflanze mehr als 13 Millionen Wurzeln besitzt. Zählt man die 14 Milliarden Wurzelhärchen dazu, ergibt sich eine Gesamtlänge von 10.600 km, das ist die Luftlinie von Frankfurt nach Lima in Peru.

↑ Schon der aus einem Samen sprießende Keimling weiß, wie er wachsen muss: Wurzeln nach unten, grüne Sprosse und Blätter nach oben ans Licht.

Die Wurzelspitze

Der oberirdische Teil der Pflanze – Stängel, Stamm, Äste und Blätter – wächst dem Licht entgegen. Die Wurzeln folgen dagegen der Schwerkraft und breiten sich im Boden nach unten aus. Besonders wichtig für die Orientierung der Pflanze im Boden ist die Wurzelspitze. Ihre äußeren Zellen verschleimen, befeuchten das Erdreich und erleichtern dadurch das Eindringen der Wurzel in tiefere Bodenschichten.

Ausschwitzung

Die Wurzelspitze gibt ständig (ähnlich wie beim Schwitzen) Kohlenstoffverbindungen wie Zucker, Aminosäuren, organische Säuren, Eiweißstoffe ab. Diese Ausscheidungen (Exsudate) sind Nahrung der bodenlebenden Mikroorganismen. Die Bakterien und Pilze locken weitere winzige Lebewesen an (z. B. Einzeller und Würmer). Auch diese sondern Stoffe ab, die von den Pflanzen als Nährstoffe genutzt werden können. Der Boden wird so rund um die Wurzel lebendig und biologisch aktiv. Zusammengefasst lässt sich sagen: Die Pflanze „schwitzt“ über ihre Wurzeln Stoffe aus und erhält im Gegenzug andere, für sie selbst verfügbare Nährstoffe.

Hauseigene Düngerfabrik

Die Wurzeln von Erbsen, Bohnen und anderen Hülsenfrüchtlern besitzen eine hauseigene Düngerfabrik. Ihre Wurzeln scheiden Eiweißstoffe aus und locken damit Bodenbakterien an. Diese dringen in die Schleimhülle der Wurzelhaare ein. Wenn es sich um willkommene Gäste handelt, lässt die Pflanze es zu, dass die Knöllchenbakterien einwandern und die Zellen ihrer Wurzelrinde infizieren. Nach und nach entwickeln sich hier knötchenartige Wurzelverdickungen, Wurzelknöllchen, in denen sich die Bakterien befinden. Die Knöllchenbakterien (S. 71) können etwas, das Pflanzen nicht können, nämlich Stickstoff aus der Luft aufnehmen und ihn zu Ammoniak umbauen. Diesen stickstoffhaltigen Nährstoff kann die Pflanze mit ihren Wurzeln aufnehmen. Als Gegenleistung bekommen die Knöllchenbakterien von der Pflanze ihren selbst hergestellten Zucker.

→ Wurzel mit Wurzelknöllchen, die Knöllchenbakterien enthalten.

Baumwurzeln und Mykorrhiza

Unterirdische Bestandteile eines Baums sind der Stock (das ist die Verlängerung des Stamms) und die Wurzeln. Sie verankern den Baum im Boden und versorgen ihn von dort mit Wasser und Nährsalzen. Das mineralhaltige Wasser wird von den Wurzelhaaren aus über senkrechte Röhrchen im Stamm in die Zweige, Blätter, Blüten und Früchte geleitet.

Das Wurzelwerk der einzelnen Baumarten unterscheidet sich:

- **Herzwurzler** wie Tanne, Ahorn, Erle, Buche, Eiche oder Linde besitzen tiefe und flache Wurzeln, die sich im oberen Erdreich stark verzweigen, sodass das Wurzelwerk wie ein Herz aussieht.
- **Pfahl- oder Tiefwurzler** wie Kiefer oder Walnuss bilden eine Hauptwurzel aus, die in die Tiefe wächst – je nach Baumart bis zu zehn Meter und mehr. Von dieser Hauptwurzel zweigen Seitenwurzeln ab.
- **Flachwurzler** wie die Fichte und die meisten Obstbäume haben Wurzeln, die nah an der Erdoberfläche verlaufen und sich dort teller- oder strahlenförmig ausbreiten.

↑ **Wurzeln bis ins Grundwasser**
Bei Wassermangel kommen Bäume mit langen Pfahlwurzeln ganz gut zurecht, denn ihre Wurzeln reichen oft bis zu den Grundwasserschichten. Der Feigenbaum in Südafrika kann, um Wasser zu erreichen, mit seinen Wurzeln 120 m tief in den Boden eindringen! Flachwurzler können Trockenheit nicht so gut aushalten.

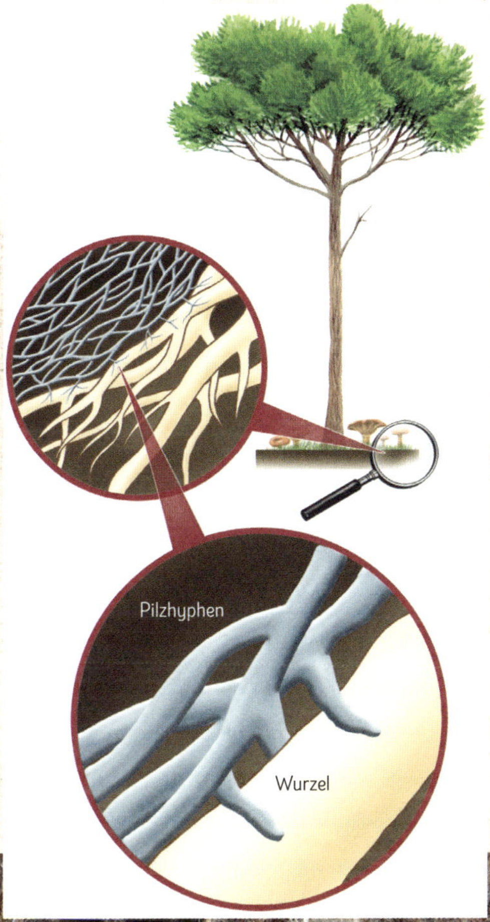

Mykorrhiza

Baumwurzeln sind im Boden von einem Netz aus Pilzfäden (Hyphen) umgeben. Die Pilze wachsen sogar in die Wurzelspitzen hinein.

Mit Hilfe dieser Mykorrhiza (S. 55) können Bäume die Bodenfläche, aus der sie Nährstoffe aufnehmen, um das Tausendfache vergrößern. Der Pilz liefert an den Baum Nährstoffe wie Phosphor und Stickstoff. Im Gegenzug bekommt er von seinem Baum Zucker sowie Fette und fettähnliche Stoffe.

Alles Altgriechisch:

- „mykes“ = Pilz
- „rhiza“ = Wurzel
- Mykorrhiza heißt also Pilzwurzel.

Unterirdisches Handelsnetz

Durch die dünnen Fäden gemeinsamer Mykorrhiza-Pilze sind die Wurzeln verschiedener Bäume miteinander verbunden und tauschen Stoffe aus. Forschende konnten nachweisen, dass die bei der Fotosynthese in den Blättern eines Baums hergestellten Zuckerverbindungen nicht nur in den eigenen Pflanzenteilen, sondern auch in denen von benachbarten Bäumen landen. Die Mykorrhiza-Pilze bilden zusammen mit den Baumwurzeln sozusagen eine Art unterirdisches Handelsnetz, in dem Stoffe ausgetauscht und verteilt werden.

Lebewesen im Boden

Die Gesamtheit der **Lebewesen im Boden** besteht zu 40 % aus Bakterien, zu 35–40 % aus Pilzen und Algen und zu 20–25 % aus Tieren. Alle Bodentiere zusammen bilden die sogenannte **Bodenfauna**, die unterschiedliche **Tiergruppen** umfasst. Mit dem bloßen Auge zu erkennen sind Regenwürmer und Tausendfüßer. Auch Schnecken, Kellerasseln und Maden sind leicht zu finden. Um Springschwänze und Milben zu entdecken, musst du schon genauer hinsehen. Für Einzeller, Rädertierchen, Bärtierchen und Fadenwürmer brauchst du ein Mikroskop, um sie genauer betrachten zu können.

Jede Art aus diesen unterschiedlichen Tiergruppen ist an das Bodenleben angepasst und erfüllt auf und unter der Erde wichtige ökologische Aufgaben. Die Lebewesen

- verbessern die Bodenstruktur, indem sie Klümpchen oder Krümel bilden;
- regulieren den Gas- und Wasserhaushalt, indem sie Löcher und Poren graben. Damit belüften sie den Boden und schaffen Kanäle, durch die das Regenwasser in tiefere Bodenschichten abfließen kann;
- steuern Nährstoffkreisläufe, indem sie Stoffe pflanzlicher und tierischer Herkunft oder Abfallstoffe von Pflanzen und Tieren weiter abbauen;
- unterdrücken Pflanzenkrankheiten, indem sie winzige Krankheitserreger fressen.

Unter einem Hektar Boden können 15 Tonnen Bodenlebewesen leben. Das entspricht dem Gewicht von 20 Kühen oder 1,5 kg/m^2!

Wer macht was?

- **Erzeuger (Produzenten):** Grüne Pflanzen und Algen, die durch Fotosynthese (S. 46) ihre Nahrung (Zucker) mit Hilfe von Sonnenlicht aus dem Gas Kohlenstoffdioxid und Wasser selbst herstellen können (produzieren).
- **Verbraucher (Konsumenten):** Tiere, die lebendes Material (Pflanzen, Tiere, Pilze, Bakterien) oder Aas und Kadaver fressen (konsumieren). Auf dem Boden leben häufig Pflanzenfresser wie die Schnecken, die sich von Blättern oder Algen ernähren.
- **Zersetzer (Destruenten):** Lebewesen, die sich von Kot oder abgestorbenem organischem Material (z. B. toten Blättern) ernähren, es zerkleinern und zersetzen (destruieren). Unter den Zersetzern sind neben Würmern, Asseln, Insektenlarven und Schnecken vor allem Pilze und Bakterien.

Pilze

Pilze sind weder Pflanzen noch Tiere. Viele Pilzarten leben größtenteils unterirdisch und zeigen sich nicht immer an der Oberfläche. Der Steinpilz, ein Speisepilz, den du im Supermarkt kaufen kannst, ist nur ein Teil des eigentlichen Pilzes, der sogenannte Fruchtkörper. Manche Pilze, wie der giftige Fliegenpilz, haben auffallend bunte Fruchtkörper.

Der giftige Fliegenpilz wächst unter der Erde und bildet dort ein Netz (Myzel) aus Fäden, die man Hyphen nennt. Sein Fruchtkörper besitzt auf der Unterseite des Pilzhuts Lamellen, in denen Sporen gebildet werden. Wenn sie reif sind, fallen sie heraus und werden vom Wind weggeweht. Aus der Spore keimt wieder ein Pilzfaden aus. Treffen zwei Pilzfäden zusammen, vereinigen sie sich, und dann können Fruchtkörper gebildet werden.

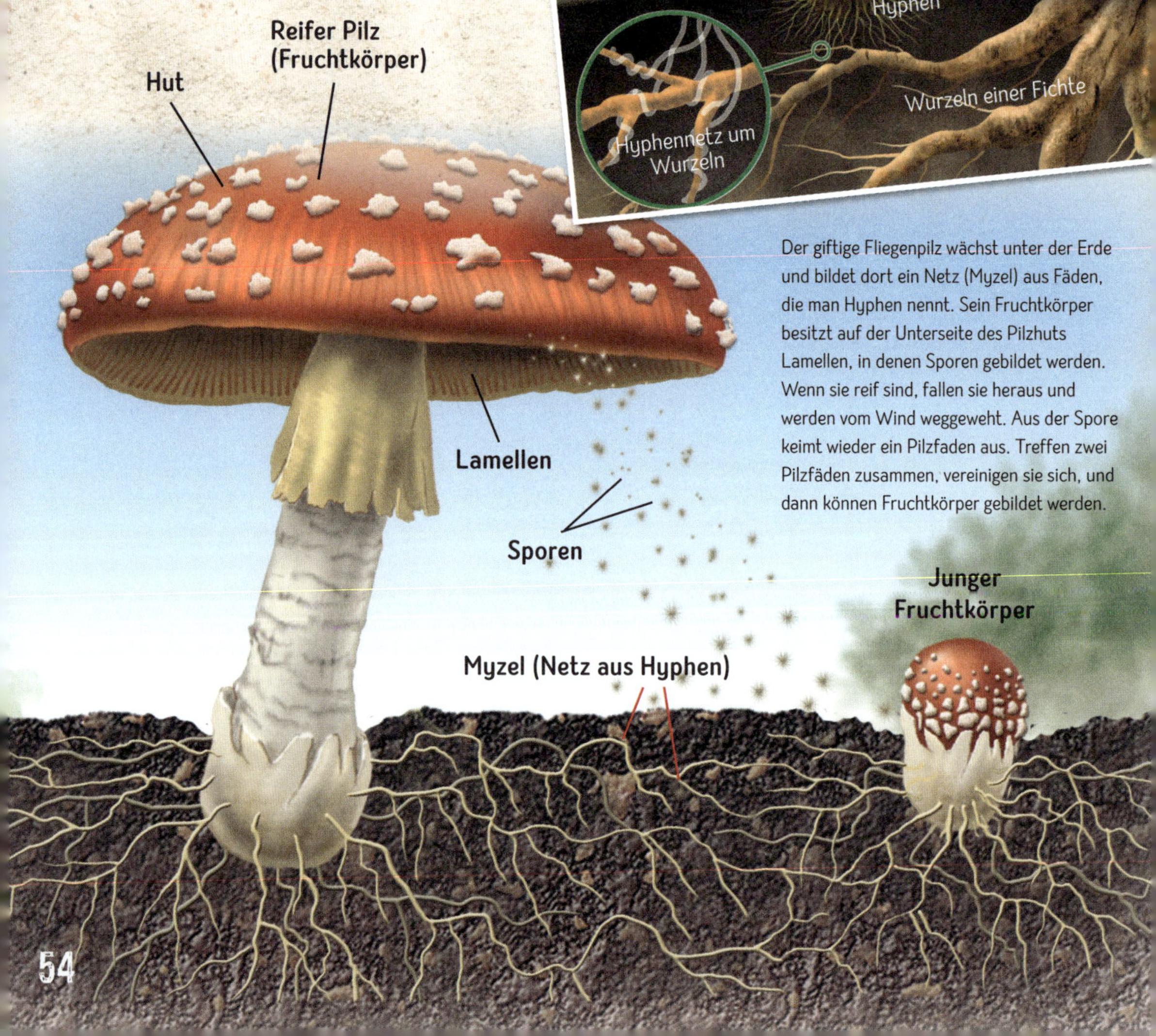

Mykorrhiza, das Pilzgeflecht

Viele Pilze wie der Steinpilz, auch Fichtensteinpilz genannt, arbeiten im Boden eng mit Baumwurzeln zusammen (S. 51). Sie dringen in die Wurzelrinde ein und bilden um die Wurzelenden ein dichtes Hyphennetz, eine Art Mantel. Der Pilzmantel wächst mit der Wurzelspitze mit, so als ob er zur Wurzel gehören würde. Baumwurzel und Pilzhyphen tauschen Stoffe aus: Der Pilz liefert mineralische Nährstoffe (z. B. Phosphor) und Wasser, im Gegenzug bekommt er vom Baum Zuckerverbindungen, die er – im Unterschied zu Pflanzen – nicht selbst herstellen kann.

Doch nicht nur Bäume, sondern ein Großteil aller Landpflanzen bildet zusammen mit Pilzen eine Lebensgemeinschaft. Bereits die aus den Samen sprießenden Keimlinge gehen kurz nach dem Keimen Verbindungen mit den Pilzen ein. Viele dieser Pilze bleiben jedoch unsichtbar, da sie keine Fruchtkörper bilden.

Über die gemeinsamen Verbindungsbahnen im Pilzmyzel warnen Pflanzen sich gegenseitig vor Krankheitserregern. Die noch nicht befallenen Pflanzen können ihre Abwehrmaßnahmen dadurch verstärken und sind gegen die Erreger nun besser gewappnet.

OUT-DOOR

Hexenringe suchen

Wenn eine Pilzspore auskeimt, wachsen die sich verzweigenden Fäden kreisförmig in alle Richtungen auseinander. Der entstehende Hyphenring im Boden bildet irgendwann Fruchtkörper aus, die kreisförmig an die Oberfläche sprießen. Solche Pilzkreise nennt man Hexenringe, da man früher glaubte, sie seien das Werk von Hexen. Gehe im Spätsommer und Herbst bei warmem Wetter spazieren und schau im feuchten Waldboden nach, wo Pilze sprießen und ob sie kreisförmig angeordnet sind. Mach ein Foto von deinem Hexenring!

Im feuchten Waldboden und in vermodertem Holz wachsen besonders viele Pilze. Nicht alle bilden Fruchtkörper aus. Viele sind Fäulnisbewohner, die auf abgestorbenen Blättern und anderen Pflanzenresten oder auf toten Tieren leben. Sie entziehen ihrem Untergrund Nährstoffe und zersetzen ihn.

Die Müllabfuhr im Boden

Im Herbst lassen die Laubbäume ihre Blätter fallen. Am Abbau eines zu Boden fallenden Blattes sind unzählige Lebewesen beteiligt. Bis es endgültig zu Humus umgewandelt ist, wird es mehrfach von Bodenlebewesen angefressen und zersetzt. Welche Spuren die Zersetzer der Streuschicht auf dem Blatt hinterlassen, kannst du im Wald untersuchen. Vielleicht entdeckst du dabei auch das ein oder andere im und auf dem Boden lebende Tierchen!

Fraßspuren

Du brauchst: totes Laub aus der Streuschicht des Waldes, Tüte, Gartenhandschuhe, weißes Papier, Pinzette

So geht's: Sammle im Laubwald tote Blätter in verschiedenen Bodenschichten. Breite die Blätter mit der Pinzette auf weißem Papier aus.

Was passiert? Auf älteren Blättern aus unteren Schichten sind Löcher und Fenster zu erkennen. Mit Hilfe der Zeichnung rechts kannst du sie zuordnen. Sei vorsichtig, auch einige Zersetzer (z. B. Asseln) sind zwischen deinen Blättern unterwegs. Halte das Laub feucht und bringe es später wieder in den Wald zurück.

Warum? Verschiedene Zerkleinerer hinterlassen auf den toten Blättern ihre Fraßspuren.

Die Zersetzung eines Blatts

1 Frisch gefallenes Blatt

2 **Fensterfraß** durch Springschwänze und Hornmilben

3 **Lochfraß** durch Zweiflüglerlarven, Springschwänze und Milben

4 **Skelettfraß** durch Insektenlarven

5-6 **Endabbau** durch Pilze, Bakterien und den Regenwurm: Der Kot der Zersetzer verklebt sich mit den allerletzten Resten der Pflanzen, ein leckeres Essen für Bakterien und Pilze, die die Reste weiter abbauen und verdauen. Der Regenwurm (S. 58–59) ist der Letzte und Wichtigste in der Fresskette. Er nimmt diesen Rest mitsamt alten Pflanzenresten auf. Und was hinten bei ihm rauskommt, ist bester Humus, perfekt für die Krümelbildung.

5

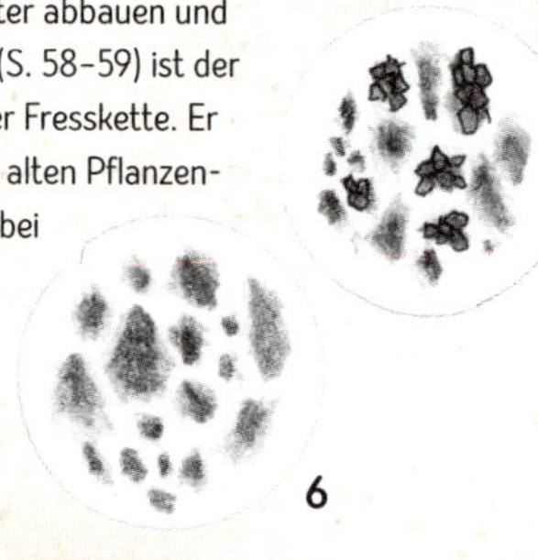

6

↓ **Kellerasseln** sind Krebstiere. Sie werden 9–13 mm lang. Ihr Nahrung besteht aus abgestorbenen Pflanzenteilchen, die sie weiter zersetzen.

↑ **Springschwänze – die Stabhochspringer auf dem Boden** Die winzigen, flügellosen Sechsbeiner zernagen Laub, fressen Pilze, Aas und Kot. Sie werden 1–5 mm lang. Mit Hilfe einer Art Sprunggabel auf der Unterseite ihres Hinterleibs können die Tierchen ruckartig springen.

→ **Doppelschwänze** sind Sechsfüßer, Sie werden 9–13 mm lang. Die Nahrung der meisten Arten besteht aus abgestorbenen Pflanzenteilchen oder Pilzfäden, die sie weiter zersetzen.

↑ **Doppelfüßer** ernähren sich vor allem von modernden Pflanzenresten. Der Schwarze Schnurfüßer besitzt über 200 weiße Beine und wird 15–39 mm lang.

↑ **Milben** sind spinnenartige Tiere. Sie ernähren sich von Pflanzenresten, fressen aber auch Bakterien, Pilze, Algen oder Kot. Die Rote Samtmilbe wird etwa 4 mm lang.

↑ Der **Steinkriecher** kommt nur in feuchten Böden vor. Er frisst Insekten, Spinnen, Asseln und Würmer. Er wird 30–32 mm lang.

↓ Der 15-45 mm lange **Erdläufer** zählt zu den räuberischen Bodentieren. Sogar Regenwürmer werden von ihm gejagt und vertilgt.

Regenwürmer

Regenwürmer sind die unterirdischen Baumeister des Bodens, sie durchmischen, lockern, lüften und gestalten ihn. Metertief graben sie sich durch die Böden. Sie können Erde bis zum 60-fachen ihres Eigengewichtes verdrängen und umlagern. Auf abgeernteten Getreidefeldern arbeiten sie große Mengen an Stroh in den Boden ein. Ihre Nahrung besteht aus zersetzten Blättern und Pflanzenresten. Dabei nehmen sie auch Erde auf. Sie fressen Kleinstlebewesen, darunter schädliche Schimmelpilze, und sind dadurch eine Art Gesundheitspolizei. Mit ihrem Schleim verkitten sie die Krümel im Boden und schützen so vor Erosion. Die humusreichen Kothäufchen („Tonhumuskomplexe"), die sie ausscheiden, düngen den Boden und machen ihn fruchtbarer.

Vor 300 Jahren lautete der Name des Regenwurms „Reger Wurm", das bedeutet, „ein Wurm, der sich viel bewegt". Weil die Würmer nach starkem Regen in Massen aus der Erde kriechen, hat sich inzwischen der Name „Regenwurm" für den Tauwurm und andere Regenwurmarten durchgesetzt. In Deutschland gibt es 40 verschiedene Arten!

Auf einem Quadratmeter Boden können sich mehr als 400 senkrechte Röhren befinden. Das Gangsystem kann insgesamt mehr als 1.000 km lang sein! Böden mit vielen Regenwurm-Röhren können jede Menge Wasser aufnehmen, bis zu 150 Liter Wasser pro Stunde.

In die Gänge des Regenwurms kann Luft einströmen und damit auch verdichtete Bodenschichten mit Sauerstoff versorgen.

Regenwurmheim

EXPERIMENT

Du brauchst: 1 großes Schraubglas, dunkle Erde, Sand, kleine welke Salatblättchen, Gras, Sprühflasche, Wasser, 5 Regenwürmer, Küchenhandtuch

So geht's: Schichte abwechselnd dunkle Erde und Sand in das Glas. Feuchte den Boden mit der Sprühflasche an. Lege die Regenwürmer vorsichtig auf die Oberfläche. Bedecke sie mit wenig Pflanzenteilchen. Decke dann das Glas mit einem Tuch ab und halte die Erde mit der Sprühflasche feucht (nicht nass!). Zum Beobachten der Würmer nimmst du das Tuch ab.

Was passiert? Die Regenwürmer graben sich in den Boden ein. Nach und nach ziehen sie die Pflanzen in den Boden und durchmischen ihn. Das kannst du gut an der veränderten Schichtung von Erde und Sand beobachten.

Warum? Der Regenwurm lebt in selbst gegrabenen röhrenförmigen Gängen in der Erde oder in verwesendem Pflanzenmaterial. Seine Wohnröhre ist mit Schleim und Kot austapeziert. Sie dient als Küche, Aufenthaltsort und Klo. Um sein Lieblingsessen herzustellen, zieht er Pflanzenmaterial in die Röhre und legt auf ihm Kot und Schleim ab. Das lockt Bakterien und Pilze an, die das Pflanzenmaterial zersetzen und sich auf ihm vermehren. Ist das Salatblatt richtig schön zersetzt, schmeckt es ihm am besten. Die Kleinstlebewesen samt Erde frisst er gleich mit.
Wichtig: Vergrabe die Würmer samt Erde im Garten, wenn dein Experiment beendet ist.

Ein einziger Regenwurm kann nachts bis zu 20 Blätter in seine Gänge ziehen!

Die Häufchen, die der Regenwurm auf der Bodenoberfläche hinterlässt, enthalten viele für Pflanzen verfügbare Nährstoffe.

Ameisen

Ameisen sind staatenbildende Insekten. In einem Ameisenhaufen leben Hunderttausende von Ameisen, darunter eine geflügelte Königin und viele Arbeiterinnen. Im Boden übernehmen sie zuverlässig und schnell wichtige Putzdienste. Sie zerschneiden morsches Holz, verbreiten Samen (z. B. von Veilchen), beseitigen Kadaver, fangen Käferlarven und verhindern damit die Massenvermehrung von bestimmten Insekten und Kleinlebewesen, die die Bäume schädigen. Mit ihrer Grabtätigkeit lockern Ameisen den Boden auf. In die entstehenden Hohlräume kann Regenwasser besser eindringen und den Boden feucht halten.

Nesthügel

Ameisennester liegen meist am Rand von Lichtungen oder an besonnten Waldrändern. Große Rote Waldameisen (Formica rufa) errichten bis über 1 m hohe kegelförmige Nesthügel. In ihrem Innern sind Kammern angelegt, durchzogen von Durchlüftungsgängen und -schächten. An den Außenwänden ist der Bau oft von Nadelblättern bedeckt. Regen läuft daran ab, und innen bleibt es trocken. Übrigens: In Deutschland ist die Rote Waldameise (Formica rufa) auf der „Roten Liste gefährdeter Arten“ als gefährdet (Kategorie 3) eingestuft.

Ameisen fressen außer Honigtau auch tote Tiere. Als Putzkolonne des Waldes beseitigen sie 90 % der Kadaver und Blattschädlinge (z. B. Raupen).

Duftspur

EXPERIMENT

Du brauchst: 1 Stück Pappe, Würfelzucker, Wasser, 4 Steine

So geht's: Lege ein Stück Pappe in die Nähe eines Ameisenhaufens und beschwere die Ecken mit Steinen. Befeuchte ein Stück Würfelzucker mit Wasser und male damit eine Zuckerspur auf die Pappe. An das Ende der Spur legst du den Zuckerwürfel.

Was passiert? Bald werden sich Ameisen auf deiner Duftstraße versammeln und versuchen, den Zucker abzutransportieren. Nach Beendigung des Experiments entfernst du die Pappe wieder.

Warum? Mit ihren geknickten Fühlern, auch Antennen genannt, können Ameisen tasten, riechen und schmecken. Hat eine Ameise Nahrung entdeckt, nimmt sie einen Teil davon auf und läuft zum Nest zurück. Auf dem Weg dorthin hinterlässt sie eine Duftspur von Botenstoffen (Pheromonen). Im Bau verteilt sie die Nahrung an die anderen Arbeiterinnen. Diese folgen nun der Duftspur zum Futter und bringen es ebenfalls ins Nest zurück.

Rindenläuse, die Haustiere der Ameisen

Rindenläuse dringen mit ihren Mundwerkzeugen in die Baumrinde ein. Sie stechen die darunterliegenden Leitungsbahnen der Bäume an und nehmen Pflanzensäfte auf, mehr als sie brauchen. Ameisen bekommen von den süßen Säften etwas ab, im Gegenzug schützen sie die Rindenläuse vor Fressfeinden. Beim „Melken" berührt die Ameise die Laus, die nun den Honigtau ausscheidet. Die Ameise transportiert ihn in ihrem Kropf als Nahrungsvorrat ins Nest. Ein Großteil des Honigtaus der Läuse tropft jedoch auf den Boden.

↑ Rindenläuse mit Ameise

Honigtau verbessert die Bodenqualität

Spezielle Pilzarten nehmen den auf die Bodenstreu getropften Honigtau auf und verwerten ihn. Gleichzeitig werden Bakterien angelockt, die für eine schnelle Zersetzung der Bodenstreu sorgen, darunter auch Bakterien, die den Stickstoff aus der Luft binden können (S.49).

← **Hochzeitsflug**
Im Sommer verlassen die geflügelten Jungköniginnen und die geflügelten männlichen Geschlechtstiere verschiedener Kolonien gleichzeitig ihre Bauten, um sich in der Luft zu paaren.

Dungkäfer und Totengräber

Nutztiere wie Milchkühe werden heutzutage größtenteils im Stall gehalten. Manche kommen nur selten oder gar nicht auf die Weide (S. 73). Ganzjährig beweidete Graslandschaften wie vor 200 Jahren gibt es kaum noch. Das hat dazu geführt, dass auch die Dungkäfer, die vom Kot der Weidetiere abhängig sind, immer seltener werden. Das schadet den Böden der offenen Graslandschaften, denn **Dungkäfer** erfüllen dort wichtige Aufgaben:

- **Bodendurchmischung und -belüftung**
  Dungkäfer brauchen den Dung vor allem für ihren Nachwuchs. Die meisten Arten graben Tunnel und Gänge ins Erdreich, stopfen die Enden voll mit Dung und legen ein Ei hinein. Durch ihre Grabtätigkeit durchmischen und durchlüften sie den Boden und machen die Nährstoffe, die im Dung enthalten sind, für Pflanzen verfügbar.

- **Samenverbreitung**
  Dung von Pflanzenfressern enthält auch Pflanzensamen. Von den Dungkäfern werden sie in die feuchte Erde geschafft, wo sie auskeimen können.

- **Parasiten-Stopp**
  Liegen Pferdeäpfel und Kuhfladen längere Zeit auf der Bodenoberfläche, können sich im Kot Parasiten aus dem Verdauungstrakt der Weidetiere stark vermehren. Wird der Dung schnell unter die Erde gebracht, besteht diese Gefahr nicht.

Dungkäfer vermindern die Methanbildung

Große Pflanzenfresser wie Kühe stoßen bei der Verdauung das besonders klimaschädliche Gas Methan aus. Außerdem produzieren sie riesige Dungmengen. Wenn der Dung von Mikroorganismen unter Sauerstoffmangel zersetzt wird, entsteht weiteres Methan. Dungkäfer sorgen für Belüftung im Boden und machen ihn sauerstoffreicher. Das hemmt wiederum die methanproduzierenden Kleinstlebewesen und es entsteht weniger Methan. **Dungkäfer schützen daher auch das Klima.**

Dung, aber bitte frisch!
Gülle und lang gelagerten Mist aus Ställen mögen die Dungkäfer nicht. Auch Antibiotika und Entwurmungsmittel, die den Kühen in der Stallhaltung verabreicht werden und in den Dung gelangen, vertragen sie nicht.

↑ Der **Gemeine Dungkäfer** (Aphodius fimetarius) wird 5–8 mm lang, ernährt sich hauptsächlich von Rinder- und Pferdedung. Nach der Paarung legen die Weibchen die Eier direkt in den Kot, der auch als Futter für die Larven dient. Nach der Verpuppung schlüpft aus der Puppenhaut der fertige Käfer (Imago).

↑ Pferdeäpfel

↑ Der 16 bis 25 mm lange **Gemeine Mistkäfer** (Geotrupes stercorarius) formt Teile des Dungs zu Kugeln (Kotpillen). Diese werden gerollt und in selbst gegrabenen Bodengängen als Futter für die Larven abgesetzt. Ein Pärchen schafft innerhalb von 3–4 Tagen 400 g Dung in den Boden.

→ Der **Totengräber** (Nicrophorus vespilloides) erreicht eine Länge von 12–22 mm. Er vergräbt die Kadaver kleiner Tiere (z. B. Mäuse) in der Erde, um sie als Futterquelle für seine Larven zu nutzen. Die Eier werden in selbstgegrabenen Erdgängen neben dem Aas abgelegt.

Dungkäfer beobachten

OUT-DOOR

Jeder Kuhfladen, jeder Pferdeapfel beherbergt Kleintiere, darunter Aasfresser, Dungkäfer und verschiedene Fliegenarten und ihre Maden. Im Frühherbst lassen sich Dungkäfer besonders gut beobachten, wie sie den Kot bearbeiten und unter die Erde bringen. Anfassen sollst du den Dung nicht, nur anschauen! Hast du einen Dungkäfer entdeckt?

Bodenlebende Säugetiere

Auf Äckern und in Gärten sind sie gefürchtet: Wühlmäuse wie die Feldmaus, die Pflanzenwurzeln anfressen und dadurch große landwirtschaftliche Schäden anrichten können. Doch so unbeliebt die auf und im Boden lebenden Kleinsäuger bei vielen Menschen auch sind: In der Natur erfüllen sie wichtige Aufgaben!

Spitzmäuse sind keine Nagetiere, sondern wie der Maulwurf Insektenfresser. Im Garten verstecken sie sich gerne unter Büschen, Stein-, Laub- und Reisighaufen oder im Kompost.

↓ Der **Feldhamster** legt verzweigte Gangsysteme mit Wohn- und Vorratskammern an. Dazu sucht er sich ein Plätzchen, wo er das ganze Jahr über Deckung findet, gerne in Klee-, Luzern-, Rüben- oder Getreidefeldern. Im Sommer hält er sich 30–60 cm unter der Oberfläche, im Winter in 1–2 m Tiefe auf.

↑ Die Erdbauten der **Feldmaus** sind verbunden mit vielen Metern langen oberirdischen Laufgängen. Bei Gefahr flitzen die Tiere im Nu in ihre unterirdischen Nestkammern in 50 cm Tiefe, in denen sich auch Vorräte befinden.

Bodenlebende Kleinsäuger

- Sie durchwühlen und durchmischen den Boden, lockern ihn auf und lagern ihn um.
- Mit ihren unterirdischen Grabröhren tragen sie zur Bodenentwässerung bei, denn dadurch funktioniert der Wasserablauf in tiefere Erdschichten besser.
- Kleinsäuger verbreiten die Sporen von Mykorrhizapilzen und fördern so die lebenswichtige Zusammenarbeit von Bäumen und Pilzen.
- Einige Arten verbreiten Samen, indem sie Früchte fressen und anderswo mit dem Kot die Samen ausscheiden.
- Räuberisch lebende Arten wie die Spitzmaus und der Maulwurf vertilgen viele Pflanzenschädlinge und sind daher im Garten als Nützlinge einzustufen.

Kleinsäugerbauten erkunden

OUT-DOOR

Maulwurf: Der Erdhaufen ist hoch, kuppelförmig, auffällig, meist 10–20 cm groß, nicht mit Gras vermischt und liegt direkt über dem Gang. Zwischen den Haufen sind regelmäßige Abstände. Auf der feinkrümeligen Erde liegen gelegentlich Insektenreste.

Feldmaus: flache, unregelmäßige und unauffällige Erdhaufen in unregelmäßigen Abständen. Jeder Erdhaufen liegt seitlich vom Gang. Die Ein- und Ausgänge haben einen Durchmesser von 3–4 cm. Der Erdaushub befindet sich meist direkt an den Löchern und ist oft mit Wurzeln und Grashalmen durchsetzt.

Feldhamster: unterirdischer Bau, bis zu 2 m tief, mit drei flach verlaufenden Eingängen (Durchmesser bis zu 10 cm), tiefe senkrechte Fallröhren. Rund um die Eingänge entstehen „Fraßkreise", die gut erkennbar sind. Manchmal liegt noch der Erdaushub neben dem Eingang.

Maulwurfshügel entstehen, wenn der Maulwurf das Erdmaterial, das beim Graben entsteht, schräg nach oben an die Erdoberfläche wirft. Der unterirdische Bau des Maulwurfs besteht aus weit verzweigten Laufröhren, Jagdgängen, Schlaf- und Vorratskammern, die ständig erweitert werden. Die Gänge im Boden können bis zu 200 m lang sein.

Wer frisst was?

Maulwurf:	Regenwürmer, Insekten und deren Larven
Spitzmaus:	Würmer, Schnecken, Käferlarven und andere Insekten
Feldmaus:	Wurzel, Rindenstücke und Samen, gelegentlich Insekten
Feldhamster:	vor allem Getreide, Feldfrüchte, Wildkräuter

Winzlinge im Boden

Die kleinsten Tierchen im Boden sind weniger als einen Millimeter groß. Die meisten kann man nur unter dem Mikroskop erkennen. Darunter sind Einzeller, aber auch mehrzellige Winzlinge wie die Fadenwürmer, Räder- und Bärtierchen.

Bärtierchen (Tardigrada) sind nur einen bis eineinhalb Millimeter groß. Sie haben vier Paar Stummelbeinchen und leben auf feuchtem verrottendem Laub oder in Moos- und Flechtenpolstern. Mit ihrem Saugmund können sie Pflanzenzellen oder Kleintierchen anstechen und aussaugen. Kälte und Sauerstoffmangel machen ihnen nichts aus. Bei Trockenheit ziehen sie Kopf und Beinchen ein und erwachen erst dann wieder, wenn die Bedingungen besser sind. Sind sie der Hitze allerdings lange ausgesetzt, verringern sich ihre Überlebenschancen.

Wimperntierchen (Ciliophora) nutzen ihre Wimpern zur Fortbewegung. Nahrung nehmen sie über eine mundähnliche Öffnung an der Zellmembran auf.

Fadenwürmer (Nematoden) sind durchsichtig bis weiß gefärbt, meist kleiner als ein Millimeter. Sie halten sich im Flüssigkeitsfilm zwischen den Bodenpartikeln auf. Je nach Art ernähren sie sich unterschiedlich. Manche fressen Bakterien, Algen, Pilze, andere Aas oder Kleintiere. 3.000 der 20.000 weltweit bekannten Fadenwurmarten sind Pflanzenfresser, von denen wiederum etwa 100 als Schädlinge auftreten. Ein Großteil der Fadenwürmer im Boden ist nützlich. Forschende haben festgestellt, dass Fadenwürmer, die Bakterien und Pilze fressen, mit ihren Ausscheidungen Stickstoffverbindungen liefern und damit die Pflanzen düngen.

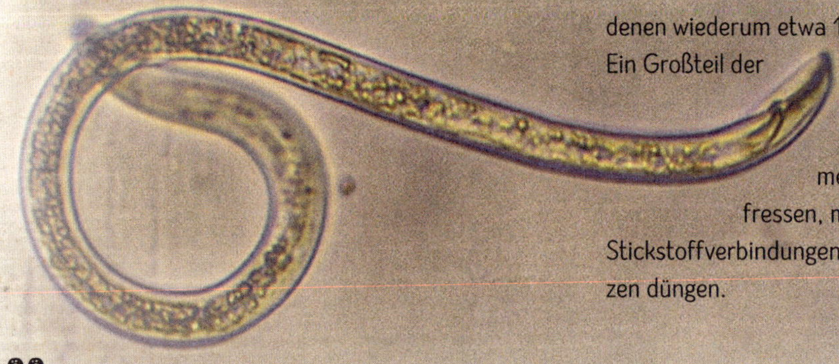

→ Die Geißeln der **Geißeltierchen** (Flagellata) werden zur Fortbewegung genutzt. Einige Arten fangen damit kleine Organismen oder andere Nahrungsteilchen.

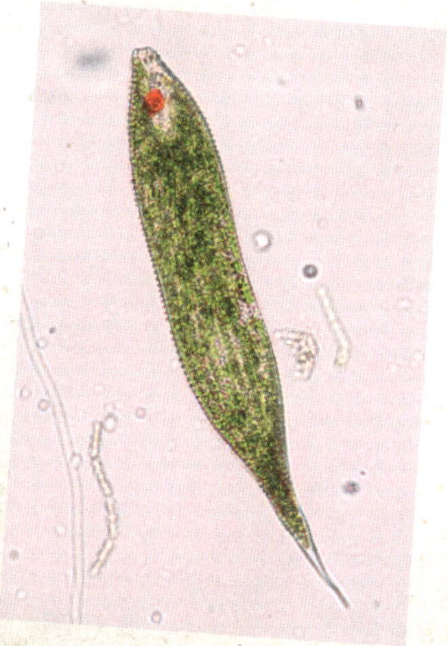

Kleine Zellkunde

Alle Lebewesen sind aus Zellen aufgebaut. Eine lebende Zelle sieht so ähnlich aus wie ein winziges Kissen, das mit einer gelartigen Flüssigkeit und verschiedenen Zellbestandteilen gefüllt ist. Die Zellen haben einen Zellkern, in dem sich die Erbanlagen befinden.

Einzeller – Mehrzeller

Manche Lebewesen bestehen nur aus einer einzigen Zelle, andere sind mehrzellig. Mehrzellige Lebewesen können Gewebe aus verschiedenen Zellen bilden. Jedes Gewebe hat dann eine andere Aufgabe, z. B. Hautgewebe oder Muskelgewebe. Gewebe kannst du dir wie viele neben- und übereinander gestapelte winzige, miteinander verbundene Kissen vorstellen.

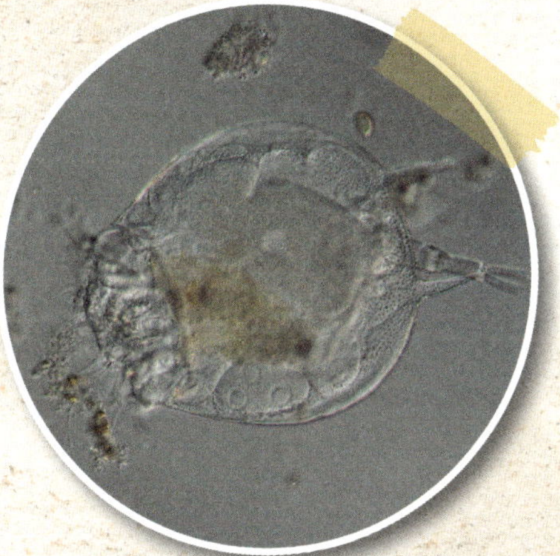

Amöben haben keine feste Körperform, sondern können durch Scheinfüßchen ihre Gestalt ändern. Nahrungsteilchen umfließen sie und nehmen sie so auf.

Rädertierchen (Rotifera) sind vielzellige Tiere, die nur 0,1 bis 0,5 mm lang sind. Sie leben in feuchten Spalten zwischen den Bodenteilchen. Ihr Räderorgan aus beweglichen Wimpern nutzen sie zur Fortbewegung und zum Einstrudeln von Nahrung (Algen, Bakterien, abgestorbene Pflanzenteilchen). Rädertierchen sind ganz besonders zäh: Sie können Nahrungs- und Sauerstoffmangel, Austrocknung und Einfrieren überleben. Forschende nahmen Bodenproben aus den Permafrostböden Sibiriens (in 3,5 m Tiefe) und stellten fest, dass einige der aufgetauten Rädertierchen nach 24.000 Jahren im Kälteschlaf noch quicklebendig waren!

Bodenbakterien

Im Boden kommen massenhaft Bakterien vor. Sie leben in dem Wasserfilm zwischen den mineralischen Bodenteilchen und im Wurzelraum der Pflanzen, einige Millimeter um die Wurzelspitze herum. Stell dir mal vor: In einem Gramm Boden können 100 Millionen Bakterien mit 4.000 bis 7.000 verschiedenen Arten leben! Das Erdmaterial ist ihr Wohnort und ihre Nahrungsquelle. Sie ernähren sich von abgestorbenem organischem Material und Ausscheidungen von Tieren. Diese Stoffe bauen sie weiter ab, die Abbauprodukte gelangen in den Boden und sind nun wieder für Pflanzen verfügbar.

Was sind Bakterien?

Bakterien sind keine Tiere, sondern einzellige Lebewesen ohne einen Zellkern. Sie sind nur 0,1 bis 700 Mikrometer groß. (Ein Mikrometer entspricht einem Tausendstel Millimeter!)

Zu sehen sind sie unter einem Licht- oder Elektronenmikroskop. Bakterien können kugel-, stäbchen- oder schraubenförmig sein. Manche Arten besitzen Geißeln, mit deren Hilfe sie sich fortbewegen. Alles, was ein Bakterium zum Leben braucht, befindet sich in seiner Zelle. Innerhalb von wenigen Stunden kann es sich durch Zellteilung vermehren.

Bakterienkultur

Um Bakterien zu erforschen, legen Forschende eine sogenannte Kultur an. Sie füllen ein Gel in eine keimfreie flache Schale (Petrischale) und beimpfen es mit Bodenbakterien-Proben. Anschließend wird die Schale über Nacht in einen speziellen Brutschrank gestellt. Am nächsten Morgen kann überprüft werden, ob und welche Bakterien gewachsen sind.

Hier blubbern Methanbläschen an die Wasseroberfläche. Die Bakterien, die sie bilden, sitzen unten im Schlamm.

Methanbildende Bakterien sind nur bei Sauerstoffmangel im Boden aktiv. Sie leben z. B. im sauerstofffreien Bodenschlamm von Sümpfen oder in stark verdichteten Böden. Aus den Stoffen, die andere Bakterienarten hinterlassen, bilden sie das stark klimaschädliche Gas Methan.

Blaualgen (Cyanobakterien) sind 5–10 mal größer als andere Bakterien. Ähnlich wie Pflanzen können sie Fotosynthese betreiben und Zucker selbst herstellen. Auf feuchtem Gestein können sie bläuliche Beläge bilden.

Blaualgen unter dem Mikroskop

Bau einer Bakterienzelle

Das Erbmaterial befindet sich nicht in einem Zellkern, sondern ist lose in die Zellflüssigkeit eingelagert.

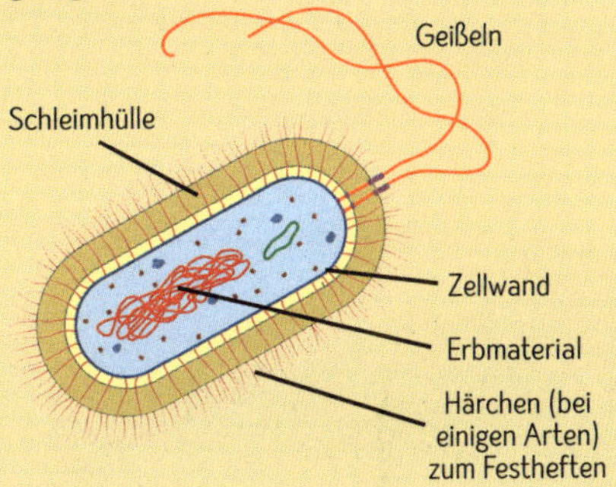

Knöllchenbakterien

... können den gasförmigen Stickstoff aus der Luft binden (S. 49). Pflanzen wie z. B. Erbsen oder Klee locken diese Bakterien an, indem sie an der Wurzelspitze bestimmte Stoffe absondern. Die Bakterien dringen in die Wurzelhaare der Pflanze ein und an der Wurzel bilden sich knotige Schwellungen aus. Von den Bakterien in den Knöllchen bekommt die Pflanze den benötigten Stickstoff, im Gegenzug werden die Bakterien von der Pflanze mit Zucker versorgt. Im Herbst werden andere Bakterien angelockt, denn die Pflanzen ruhen in der kalten Jahreszeit, und Stickstoff ist dann nicht so wichtig.

Im Wurzelbereich können sich 1,7 bis 2,5 Milliarden Bakterien befinden!

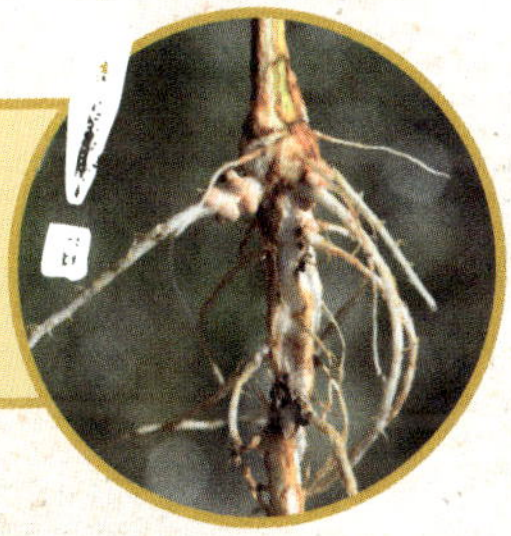

Ein unterirdisches Chemielabor

Bakterien, Pilze und andere Mikroorganismen bilden im Boden eine Gemeinschaft, ein „unterirdisches Chemielabor“. In ihm können verschiedene Materialien zersetzt und umgebaut werden. Bakterien spielen dabei eine besonders wichtige Rolle. Mit Hilfe von speziellen Eiweißteilchen (Enzymen) können sie nämlich organisches Material (z. B. Reste von Lebewesen) abbauen. Ausgangsstoffe der Abbautätigkeit sind u.a. Zellulose (der Zellwandbestandteil aus Pflanzen) oder Eiweißstoffe und Stickstoffverbindungen (enthalten z. B. in Haut, Haaren, Muskeln oder Blut von Tieren).

Störfälle im unterirdischen Labor

Der Mensch kann in den natürlichen Stickstoffkreislauf eingreifen:

- indem er landwirtschaftliche Flächen düngt (S. 74–75),
- indem er das Bodenleben durch Gifte abtötet (S. 76),
- indem er den Boden sauerstoffarm macht durch Bodenverdichtung (Zertrampeln und Bearbeitung mit Maschinen) oder durch ständige Vernässung,
- indem er durch die Verbrennung fossiler Brennstoffe große Mengen an stickstoffhaltigen Gasen (Stickoxide) in die Luft entlässt, die zurück in den Boden gelangen und ihn versauern.

Vor allem bei **Sauerstoffmangel** kommt es in **stark gedüngten Böden** zu Störungen im unterirdischen Chemielabor. Spezielle Bodenbakterien, die ohne Sauerstoff leben können, kommen nun zum Einsatz und vermehren sich. Sie wandeln die Stickstoffverbindungen so um, dass Lachgas freigesetzt wird. Es hat eine starke Treibhauswirkung, 300-mal stärker als Kohlendioxid (CO_2), und trägt zur Klimaerwärmung (S. 82–83) bei.

→ Untersuchung von Erdproben unter dem Mikroskop

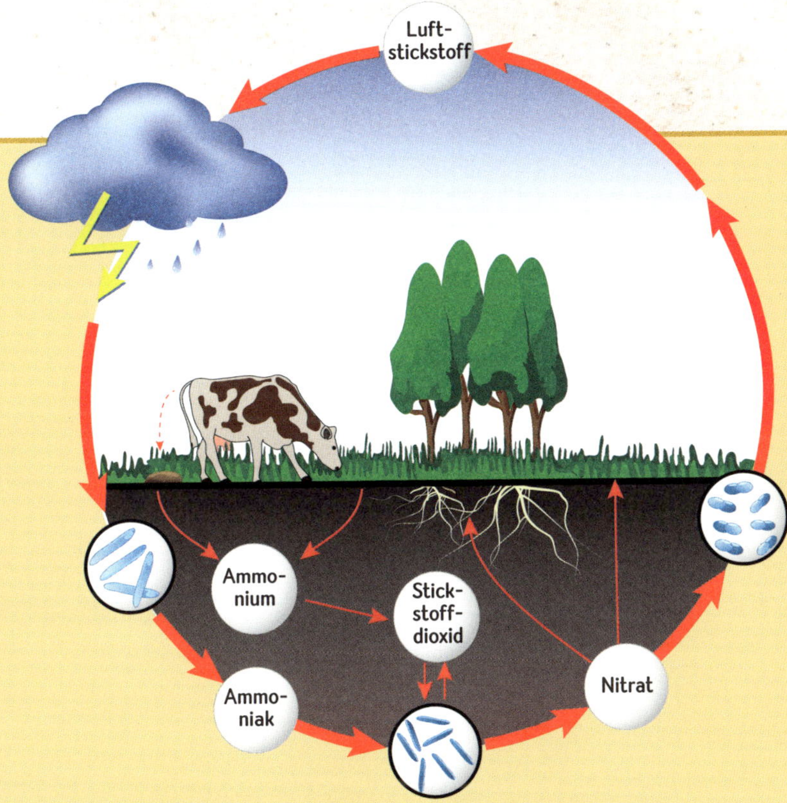

Der natürliche Stickstoffkreislauf

Stickstoff ist – in unterschiedlichen chemischen Verbindungen – in der Luft, im Wasser, im Boden und in allen Lebewesen enthalten.

Pflanzen brauchen (ebenso wie andere Lebewesen) Stickstoff für Wachstum und Entwicklung. Sie können ihn aber nicht direkt aus der Luft, sondern nur in Form von Stickstoffverbindungen aus dem Boden oder dem Wasser aufnehmen. Spezielle Bodenbakterien, die den Luftstickstoff binden können (S. 49), helfen dabei, die von Pflanzen nutzbaren Stickstoffverbindungen (Ammonium, Nitrat) herzustellen.

Menschen und Tiere nehmen Stickstoff mit der Nahrung auf. Wenn sie sterben oder ihre Abfälle (z. B. Kot) ausscheiden, gelangt der Stickstoff wieder in den Boden. Dort fressen bestimmte Bakterien das organische Material, bauen es ab und setzen dabei ebenfalls Stickstoffverbindungen (Ammonium, Ammoniak) frei, die direkt von Pflanzen aufgenommen werden können. Es gibt aber auch Bakterienarten, die dafür sorgen, dass der Stickstoff in die Luft freigesetzt wird. In der **Atmosphäre** entstehen unter bestimmten Bedingungen gasförmige Stickstoffverbindungen (Stickoxide), die mit dem Regen in den Boden gelangen. Hier kann der Stickstoff von bestimmten Bodenbakterien aufgenommen und so umgewandelt werden, dass er für Pflanzen verwertbar ist. Genial, der Kreislauf ist damit geschlossen.

Die industrielle Landwirtschaft

In Mitteleuropa sind idyllische Landschaften aus alten Wäldern, kleinflächigen Feldern und Weiden mit Gebüsch- und Heckenzeilen fast ganz verschwunden. Auch Feldraine und blütenreiche Streuobstwiesen muss man suchen. Nicht nur vielen Wildtieren und Wildpflanzen, auch den Bodenbewohnern fehlt es an natürlichem Lebensraum. Das vielfältige Bodenleben, das du auf den vorhergehenden Seiten kennengelernt hast, und die leistungsfähigen unterirdischen Chemielabore sind in Gefahr.

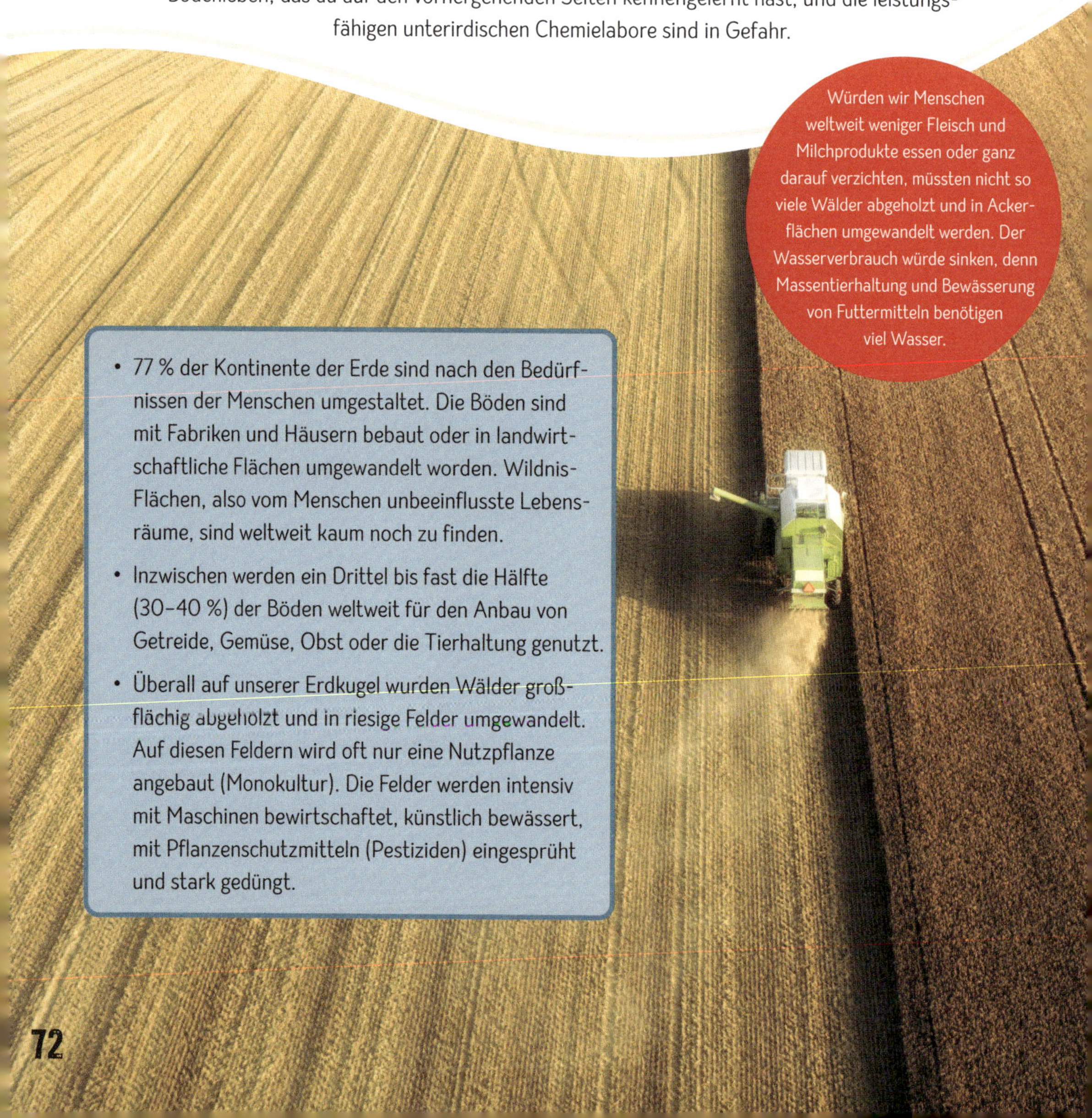

Würden wir Menschen weltweit weniger Fleisch und Milchprodukte essen oder ganz darauf verzichten, müssten nicht so viele Wälder abgeholzt und in Ackerflächen umgewandelt werden. Der Wasserverbrauch würde sinken, denn Massentierhaltung und Bewässerung von Futtermitteln benötigen viel Wasser.

- 77 % der Kontinente der Erde sind nach den Bedürfnissen der Menschen umgestaltet. Die Böden sind mit Fabriken und Häusern bebaut oder in landwirtschaftliche Flächen umgewandelt worden. Wildnis-Flächen, also vom Menschen unbeeinflusste Lebensräume, sind weltweit kaum noch zu finden.
- Inzwischen werden ein Drittel bis fast die Hälfte (30–40 %) der Böden weltweit für den Anbau von Getreide, Gemüse, Obst oder die Tierhaltung genutzt.
- Überall auf unserer Erdkugel wurden Wälder großflächig abgeholzt und in riesige Felder umgewandelt. Auf diesen Feldern wird oft nur eine Nutzpflanze angebaut (Monokultur). Die Felder werden intensiv mit Maschinen bewirtschaftet, künstlich bewässert, mit Pflanzenschutzmitteln (Pestiziden) eingesprüht und stark gedüngt.

Massentierhaltung

Noch vor 200 Jahren lebten Nutztiere in kleiner Zahl auf den Bauernhöfen. Teilweise ganzjährig durften sie auf den Weiden bleiben. Heute werden in Ländern wie Deutschland große Fleischmengen, eine unglaubliche Anzahl an Eiern und Milchprodukten verbraucht. Wir verarbeiten Unmengen an Tierprodukten für Kleidung, Kosmetik, Zusatzstoffe und vieles mehr, sodass Tiere wie in großen Fabriken gehalten werden müssen. Weltweit „arbeiten" 30 Milliarden dieser Tiere für 7,5 Milliarden Menschen.

Ackerflächen für Tierfutter

Die Kühe in den Ställen fressen meist Soja, Mais, Raps, Gerste, Weizen, Erbsen oder Sonnenblumen statt Gras und Heu. 60 % der europäischen Ackerflächen werden für den Anbau von Futterpflanzen genutzt. Soja wird in großen Mengen von weit her aus dem Ausland eingeführt. Immer wieder werden dafür neue Teile des Regenwaldes gerodet, um weitere Ackerflächen für den Anbau von Tierfutter zu schaffen.

Gülle, Kunstdünger, Klärschlamm

Durch bestimmte chemische Verfahren gelang es 1960 im Labor künstlich Stickstoffdünger herzustellen. Seitdem werden diese stickstoffhaltigen Kunstdünger weltweit eingesetzt, um immer mehr ernten zu können. Doch nur 30–50 % dieses Düngers wird von den Pflanzen aufgenommen, der Rest bleibt im Boden und sammelt sich dort an. Auch wenn zu große Güllemengen als Flüssigdünger in den Boden gelangen, kann es zu Überdüngung kommen.

Beim Abbau von Urin und Kot durch Bakterien entsteht vor allem das giftige und stinkende Gas Schwefelwasserstoff, das an den Geruch von faulen Eiern erinnert, sowie das stechend riechende Gas Ammoniak. Das trägt dazu bei, dass Treibhausgase entstehen können. Die ebenfalls aus der Gülle freigesetzten Gase Methan und Lachgas sind geruchlos, aber ebenfalls stark klimaschädlich (S. 82–83).

Die Sache mit der Gülle

Allein in Deutschland entstehen durch Massentierhaltung jedes Jahr mehr als 1,5 Milliarden Liter Gülle. Gülle ist eine flüssige Mischung aus Kot und Urin von Nutztieren mit (in geringeren Mengen) Stroh und anderem organischem Material. Gülle enthält Pflanzennährstoffe (z. B. Stickstoffverbindungen), aber auch gesundheitsschädliche Stoffe und Lebewesen, zum Beispiel:

- Antibiotika, Medikamente, die in den Tierbetrieben gegen Krankheitserreger eingesetzt werden.
- Bakterien, die im Darm der Tiere widerstandsfähig (resistent) gegen bestimmte Medikamente geworden sind, können diese Eigenschaft (Resistenz) an andere Bakterienarten weitergeben. So entstehen Bakterien, gegen die viele Medikamente nicht mehr wirksam sind (multiresistente Keime). Diese Keime stellen ein Gesundheitsrisiko für den Menschen dar.

Klärschlamm entsteht in der Kläranlage bei der Reinigung von Abwässern, die aus Haushalten und Industrieanlagen stammen. Er besteht wie jeder Schlamm aus feinkörnigen Feststoffen, die mit Wasser vermischt sind. Darin enthalten sind organische Stoffe (Verbindungen aus Kohlenstoff), aber auch Chemikalien wie Arzneimittel, Schwermetalle wie Blei oder Kupfer, giftige Schadstoffe, Krankheitserreger und Mikroplastik. Obwohl der Klärschlamm auch Nährsalze enthält, die Pflanzen brauchen, ist er als Dünger in Landwirtschaft und Gartenbau deshalb nicht gut geeignet. Ein Großteil des Klärschlamms wird in Müllverbrennungsanlagen entsorgt. Wie viel und welcher Klärschlamm in Deutschland auf den Äckern verwendet werden darf, regelt ein Gesetz.

↑ Verteilung von Klärschlamm auf Äckern

Belastung von Gewässern und Grundwasser

Durch Regenfälle werden die überschüssigen Stickstoffverbindungen aus dem Boden ausgewaschen und sickern ins Grundwasser. Über Entwässerungsgräben in den Feldern gelangen sie in Bäche, Flüsse und Seen und von da auch ins Meer. Algen gibt es in fast jedem Gewässer. Zu viel Dünger im Wasser kann zu einer Massenvermehrung von Algen führen.

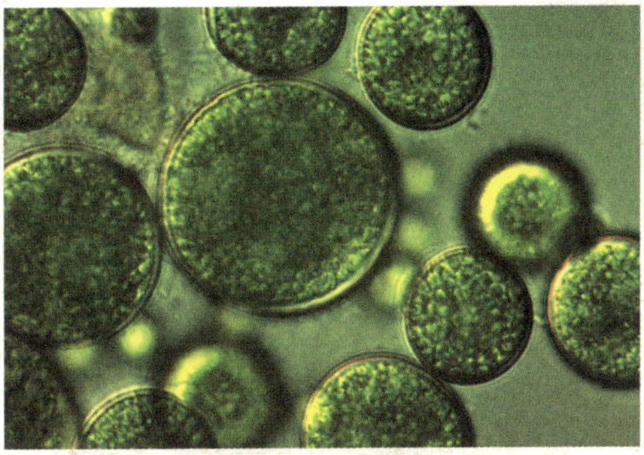

↑ Grünalgen sind mikroskopisch winzige pflanzenartige, ein- bis mehrzellige Lebewesen. Sie enthalten wie Pflanzen den grünen Blattfarbstoff Chlorophyll und können im Wasser Fotosynthese betreiben. Im Boden besiedeln sie die wassergefüllten winzigen Poren, aber nur in den belichteten Schichten an der Oberfläche.

← In überdüngtem Wasser können sich Algen massenhaft vermehren.

Pestizide

Pestizide sind chemisch hergestellte Stoffe. Sie werden in der Landwirtschaft gegen die als Schädlinge eingestuften Lebewesen eingesetzt. Die Insektizide unter den Pestiziden töten dabei vor allem Insekten, Fungizide viele Pilze ab, und Herbizide sollen das Wachstum unerwünschter „Unkräuter" eindämmen oder verhindern.

Bis in die 1950er Jahre des vorigen Jahrhunderts war die Landwirtschaft pestizidfrei, denn die betreffenden chemischen Verbindungen waren noch gar nicht erfunden. Heutzutage scheint Landwirtschaft ohne diese Gifte kaum mehr möglich zu sein.

Insekten sterben – Kräuter verschwinden

Insektizide wirken nicht nur gegen Schädlinge, sondern vernichten auch andere Tierarten, darunter viele Nützlinge, die Schädlinge fressen wie zum Beispiel Laufkäfer. Auch Zerkleinerer wie Asseln und Springschwänze, Pilze und Bakterien im Boden können durch Pestizide getötet werden. Besonders empfindlich reagieren die Blütenbestäuber von Wild- und Nutzpflanzen wie Bienen und Schmetterlinge. **Herbizide** wie das bekannte Glyphosat lassen alle Kräuter, die im oder neben dem Acker wachsen, absterben. Insekten verlieren dadurch Nahrungs-, Nist- und Überwinterungsmöglichkeiten. Ein Teil dieser Chemikalien ist deshalb in Europa inzwischen in der Landwirtschaft verboten.

Mikroplastik

... nennt man Kunststoffteilchen, die kleiner als 5 mm sind. Sie entstehen durch Zersetzung von Thermofolien, die zum Abdecken von Äckern genutzt wurden, oder durch verwitterte Plastiktüten, Plastikverpackungen und Kunststoffflaschen. Mikroplastik ist aber auch als Füllstoff in Zahnpasta und anderen Kosmetikwaren oder im Reifenabrieb enthalten. Über die Kanalisation landen die winzigen Teilchen in den Klärwerken, dann im Klärschlamm und auch im Boden.

Forschende haben Ackerböden untersucht, die mit Mikroplastik verunreinigt sind. Sie konnten auf einem Hektar 206 Makro-Plastikteilchen, die größer als 5 mm waren, nachweisen. Weit höher war der Anteil des Mikroplastiks: Auf einen Hektar kamen etwa 150.000 solcher Teilchen. Da der Boden umgepflügt wird und der Regen die Plastikteilchen ausschwemmt, gelangen sie auch in tiefere Bodenschichten.

Polyesterfasern im Boden sind besonders problematisch. Sie stammen nicht nur aus der Landwirtschaft, sondern auch von Kleidungsstücken. Denn wird z. B. ein Fleece-Pulli gewaschen, gelangen einzelne Fasern durch den Abrieb ins Abwasser und über Abwasserkanäle auch in den Boden. Noch unklar ist, wie sich das Mikroplastik in Lebewesen verhält.

Es geht besser!

In der ökologischen Landwirtschaft (S. 90–91) wird inzwischen auf Pestizide weitgehend verzichtet. Anstelle von Plastikfolien werden biologisch abbaubare Mulchfolien verwendet, die sich nach und nach im Boden zersetzen. Du selbst kannst Plastikmüll vermeiden. Benutze keine Wegwerf- und Einwegprodukte aus Plastik (z. B. Flaschen, Becher, Spielzeug), sondern nachhaltig hergestellte, wiederverwendbare Produkte. Trage umweltfreundliche Kleidung aus natürlichen, abbaubaren Stoffen und vermeide, wenn möglich, in Plastik verpackte, eingeschweißte Lebensmittel.

← Reste von Plastikfolien in der Landwirtschaft

Kranke Böden

Seit jeher werden vor allem die Böden ackerbaulich genutzt, die von Natur aus fruchtbar sind. In den letzten 40 Jahren hat die Erde jedoch ein Drittel des nutzbaren Ackerlands verloren. Viele Böden sind krank, das heißt, sie wurden durch Einflüsse des Menschen geschädigt.

Bodenverdichtung

In Europa sind nach wissenschaftlichen Schätzungen rund 30 Millionen Hektar Ackerland verdichtet. Die Böden wurden durch schwere landwirtschaftliche Nutzfahrzeuge regelrecht zusammengedrückt. Dadurch sind sie schlecht belüftet, sauerstoffarm und können bei Starkregen das Wasser nicht mehr richtig aufnehmen.

Erosion

Vor allem kurz vor oder nach der Saat ist der mit dem Pflug bearbeitete Ackerboden feinkrümelig und anfällig für Erosion. Alte Pflanzenreste, die den Oberboden zusammenhalten, gibt es nicht mehr, und genügend neue Wurzeln sind noch nicht gewachsen. Durch Wind oder Wasser kann die Erde nun abgetragen, verweht oder weggeschwemmt und an anderer Stelle wieder abgelagert werden.

Gestörtes Bodenleben

Wenn die Erde mit riesigen Pflügen bis in tiefere Bodenschichten umgegraben wird, verändert das die Lebensbedingungen der Bodenlebewesen und sie sterben ab. Damit werden die wichtigen Zersetzungs- und Abbauvorgänge unterbrochen. Die Böden werden dadurch humusarm und unfruchtbar. Deshalb muss mehr Kunstdünger eingesetzt werden. Das kann aber den Boden wiederum überdüngen.

- Lebensmittel aus Massentierhaltung und industrieller Landwirtschaft sind im Laden billig, verursachen aber in der Herstellung Umwelt- und Klimaschäden. Biolandbau (S. 90–91) setzt auf tierwohlgerechte Haltung und umweltfreundliche Anbaumethoden. Das macht Bioprodukte in der Herstellung und im Laden teurer.
- Den heutigen Landwirtinnen und Landwirten würde es finanziell besser gehen, wenn die Politik dafür sorgen würde, dass sie staatliche Gelder als Unterstützung bekommen, wenn sie die Böden ökologisch und nachhaltig bewirtschaften.

Wüsten durch Landwirtschaft

In manchen Anbauflächen ist der Boden ausgetrocknet und so stark mit Giften belastet, dass kaum noch natürliches Leben vorhanden ist, es entstehen unfruchtbare Agrarwüsten. Beispiele sind die von Plastikdächern und -folien bedeckten Äcker in der Region Almeria in Südspanien. Hier wächst ein großer Teil des Gemüses, das wir im Supermarkt kaufen.

Wer ist verantwortlich?

Industrielle Landwirtschaft gilt als eine der Hauptursachen des weltweiten Artensterbens. Die Schuld darf man aber nicht einfach den Landwirtinnen und Landwirten geben. Viele sind bestrebt, ihre Felder nachhaltig zu bewirtschaften und gesunde Lebensmittel zu liefern. Sie leisten wertvolle Arbeit, können aber oft kaum davon leben, weil sie ihre Produkte viel zu billig verkaufen müssen.

Kinderarbeit in der Landwirtschaft

Anstatt in die Schule zu gehen, müssen Kinder in vielen Regionen der Welt in der Landwirtschaft arbeiten. Das liegt häufig daran, dass große Landwirtschaftsunternehmen (Agrarkonzerne) großflächig Land kaufen und es an Kleinbauern verpachten. Gleichzeitig verkaufen sie an die von ihnen abhängigen Bäuerinnen und Bauern das Saatgut, vertreiben Düngemittel, Pestizide und kontrollieren so den gesamten Anbau von Lebensmitteln. Das Geld, das die Kleinbauern mit ihrer schweren Arbeit verdienen, reicht oft kaum zum Leben. Häufig ist die Armut so groß, dass Kinder mithelfen müssen, um die Familie zu ernähren.

Der Kohlenstoffkreislauf

Das Element Kohlenstoff (C) ist Bestandteil aller Lebewesen (Biosphäre) und kommt – in unterschiedlicher Form – auch in der Atmosphäre (Lufthülle), in der Lithosphäre (Gesteine), in der Pedosphäre (Boden) und in der Hydrosphäre (Meere, Gewässer) vor. Die kohlenstoffhaltigen Verbindungen werden mehrfach chemisch umgebaut und zwischen den Sphären ausgetauscht. Der Kohlenstoff kann sozusagen in der Umwelt „kreisen".

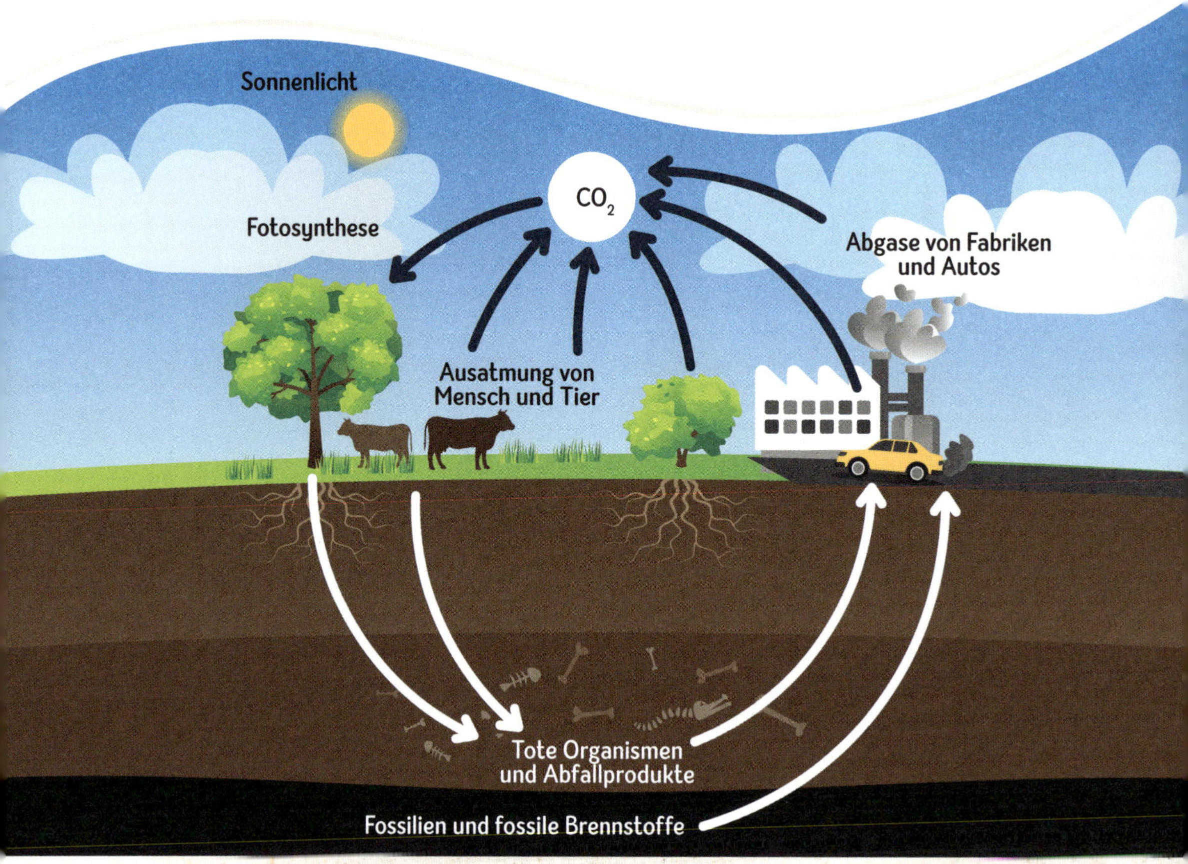

Auf unserer Erde sind riesige Mengen an Kohlenstoff (C) bzw. Kohlenstoffverbindungen gespeichert, davon mehr als 99,9 % unter der Erdoberfläche, verteilt auf Erdkern, Erdmantel und die Erdkruste. Der Großteil des Kohlenstoffs ist unter der Erdoberfläche als Kalkstein ($CaCO_3$) gebunden. Der Boden selbst besteht etwa zur Hälfte aus Kohlenstoff, der im Humus gebunden ist. Um das Klima zu schützen, sollte der Kohlenstoff dort auch bleiben (S. 85).

Kohlenstoffdioxid (CO_2) ist eine der Formen, in denen Kohlenstoff in der Atmosphäre vorkommt.

- Das Gas wird von Pflanzen aus der **Luft** (oder von Wasserpflanzen aus dem Wasser) über die Blätter aufgenommen.
- Im Blatt stellt die **Pflanze** daraus mit Hilfe der Energie des Sonnenlichts Zucker, eine weitere Kohlenstoffverbindung, her (S. 46).
- Der Zucker wird als Energie- und Baustoff verwendet und weiterverarbeitet, um kohlenstoffhaltige Teilchen wie Eiweißstoffe, Fette und Kohlenhydrate herzustellen, die für das Pflanzenwachstum und die Entwicklung benötigt werden.
- Blätter, Früchte, Wurzeln von Pflanzen können von **Tieren und Menschen** als Nahrung aufgenommen werden. Die kohlenstoffhaltigen Nährstoffe werden im Körper abgebaut, wobei Kohlenstoffdioxid freigesetzt ist. Beim Ausatmen gelangt das Gas in die Luft. Pflanzen können es dort erneut aufnehmen.
- Mit ihrem Kot scheiden Tiere kohlenstoffhaltige Verbindungen aus, die im Boden von **Zersetzern** wie Bakterien, Pilzen zerlegt werden. Auch abgestorbene Pflanzen und Tiere werden von unterschiedlichen Bodenlebewesen ab- und umgebaut. Bei dem Abbau können nicht kohlenstoffhaltige Stoffe, Wasser und Kohlenstoffdioxid entstehen.

EXPERIMENT

Gasbildung

Du brauchst: 1 Plastikflasche, 150 ml warmes Wasser, 3 Teelöffel Hefepulver, 2 Teelöffel Zucker, 1 Luftballon

So geht's: Schütte Hefe und Zucker in die Flasche und gieße langsam das warme Wasser dazu. Stülpe den Luftballon über den Flaschenhals und warte einige Minuten.

Was passiert? Die Flüssigkeit schäumt, der Luftballon bläst sich wie von selbst auf.

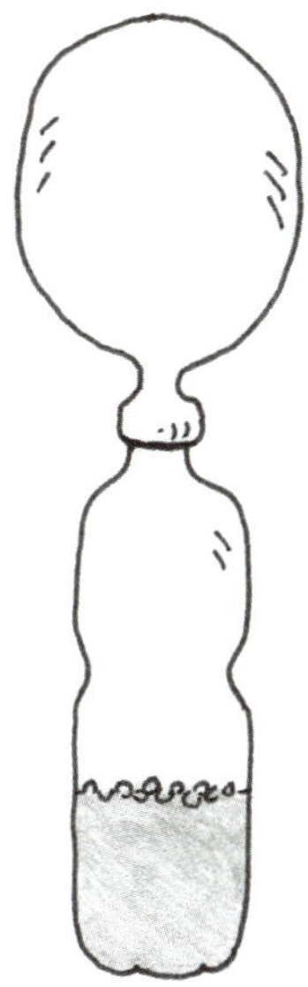

Warum? Wird Hefepulver mit Zucker und warmem Wasser vermischt, werden winzige Hefepilze aktiv. Sie beginnen den Zucker umzuwandeln. Dabei entsteht ein Gas, das Kohlenstoffdioxid (CO_2). Es bildet in der Flüssigkeit Bläschen, die nach oben steigen und an der Luft freigesetzt werden. Dadurch wird der Luftballon aufgeblasen.
Ähnlich wie in deinem Experiment entsteht auch im Boden durch die Abbautätigkeit von Pilzen und Bakterien Kohlenstoffdioxid.

Klimawandel und Treibhauseffekt

Um unsere Erdkugel herum befindet sich eine Gashülle, die Atmosphäre. Im oberen Teil der Atmosphäre befindet sich das Gas Ozon (O_3). Es hält gefährliche UV-Strahlen der Sonne auf und lässt sie nicht auf die Erde durch. Lichtstrahlen dagegen können die Gashülle durchdringen und auf die Erdoberfläche gelangen. Dort werden sie teilweise zurückgeworfen (reflektiert) oder eingefangen (absorbiert). Langwellige Wärmestrahlen werden in der Atmosphäre von den Gasen Wasserdampf und Kohlenstoffdioxid (CO_2) größtenteils festgehalten, sodass sie nicht ins Weltall zurück entweichen können. Wie in einem Treibhaus, das die Wärme innen festhält, wird die Erde dadurch erwärmt. Ohne diesen „natürlichen Treibhauseffekt“ wäre es auf der Erde so kalt, dass kein Leben möglich wäre.

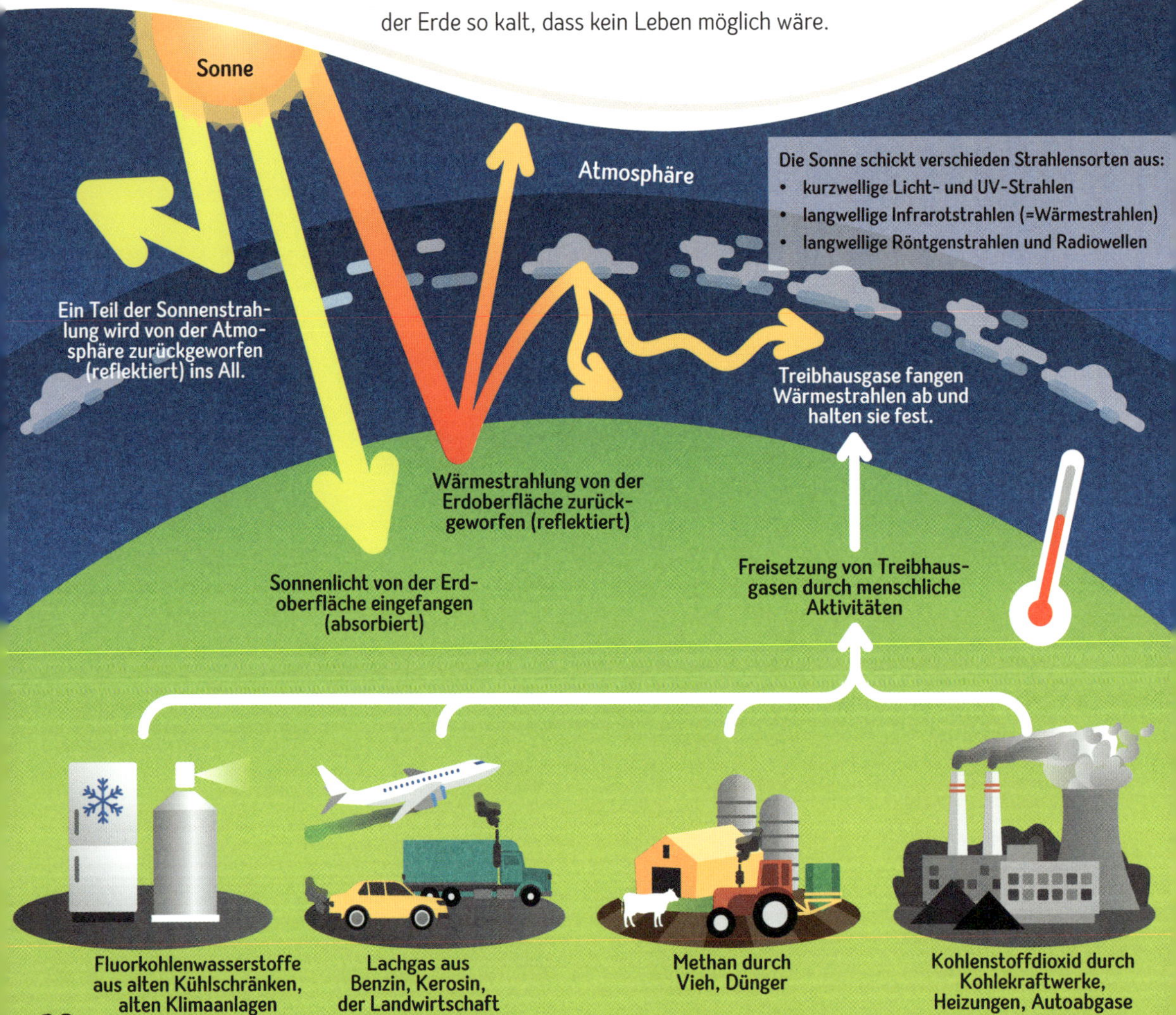

Der von Menschen verursachte Treibhauseffekt

Seit einigen Jahrzehnten gelangen immer mehr Gase, die sogenannten Treibhausgase wie Kohlenstoffdioxid, Methan und Lachgas in die Atmosphäre. Sie stammen aus Kraftwerken, Industrieanlagen, Autos, Flugzeugen und Kreuzfahrtschiffen, werden aber auch durch Brandrodungen, Massenviehhaltung und Überdüngung in der Landwirtschaft freigesetzt. Die großen Mengen an Treibhausgasen verstärken den natürlichen Treibhauseffekt. Das führt dazu, dass es auf der Erde immer wärmer wird. Zu warm! Man nennt diese Erscheinung „Klimaerwärmung".

Klimaerwärmung und ihre Folgen

Die zunehmende Erwärmung der Erde hat gefährliche Folgen: Eismassen schmelzen, der Meeresspiegel steigt, Unwetter, Dauerregen und Dürren nehmen zu. Bei fortdauernder Trockenheit im Boden und langen Dürrezeiten können die meisten Pflanzen nicht mehr überleben. Wenn die schützende Pflanzendecke fehlt, verstärkt sich die Erosion, der Boden wird verweht oder bei Starkregen abgeschwemmt.

Dürren und Wüstenbildung

In Gebieten mit trockenem Klima (z. B. in Südeuropa), in denen die Böden durch Monokulturen, Bearbeitung mit Landmaschinen oder den übermäßigen Einsatz von Pestiziden und Düngemitteln krank sind, kommt es – verstärkt durch den Klimawandel – zur Wüstenbildung (Desertifikation). Selbst nach Starkregenfällen können die kahlen, humusarmen Böden kaum Wasser aufnehmen oder speichern.

Kalte Wüsten

Auch Permafrostböden sind Wüsten, kalte Wüsten. Wasser liegt hier vor allem in Form von Eis vor und ist daher kaum für Pflanzen verfügbar. Doch würde das Eis durch die zunehmende Klimaerwärmung schmelzen, wäre das kein Vorteil. Im Gegenteil. Der Klimawandel würde dadurch verstärkt werden (S. 84–85).

Was sind Permafrostböden?

Auf der Nordhalbkugel der Erde herrscht auf einem Viertel der Landfläche Permafrost (Dauerfrost). Wenn Böden mindestens zwei Jahre ununterbrochen (fortdauernd) gefroren sind, spricht man von Permafrostböden. In Russland betrifft das die Hälfte der Landesfläche, auch in Alaska, Skandinavien, Kanada, China und Grönland gibt es großflächig Permafrostböden. In vielen mitteleuropäischen Gebirgen (z. B. in den Alpen) sind ebenfalls Gebiete mit Permafrostböden zu finden. Das unterirdische Eis stammt noch aus der Eiszeit vor 100.000 bis 10.000 Jahren. Kalte Luft konnte tief in den Boden eindringen und das Wasser im Boden in Eis verwandeln.

Das Dorf Oimjakon in Russland ist mit gemessenen -67,8°C der kälteste von Menschen bewohnte Ort der Erde.

EXPERIMENT

Eis als Zement

Du brauchst: 1 tiefen Teller oder 1 flache Schale aus Plastik, Metall oder Holz, Erdbrocken, Sand, Pflanzenreste; Wintertemperaturen unter dem Gefrierpunkt

So geht's: Lege kleine Häufchen mit Erdbrocken, Sand und Pflanzenresten auf den Teller. Stelle ihn anschließend bei eiskalten Temperaturen in den Garten oder auf den Balkon. Gieße vorsichtig Wasser in die Lücken zwischen den Häufchen und lasse den Teller über Nacht so stehen.

Was passiert? Das Wasser ist zu Eis gefroren. Das Eis bildet eine feste, starre Decke, hält die Häufchen an ihrem Platz und verbindet auch Erdbrocken, Sand und Pflanzenreste im Haufen wie Zement. Eine Spielfigur, die du auf die Eisdecke stellst, findet auf ihr Halt. Im warmen Zimmer schmilzt das Eis.

Warum? Am Gefrierpunkt (bei 0 °C) gefriert Wasser zu Eis. Es bilden sich Eiskristalle, feste sechseckige Strukturen, die auch Gegenstände wie Sandkörnchen einschließen und festhalten. Wird es wärmer als 0 °C, löst sich die Eiskristallstruktur auf. Das Eis schmilzt. Das Wasser wird wieder flüssig. Deine Erdhäufchen werden weich und haben keine feste Verbindung mehr zueinander.

Permafrost und Klimaerwärmung

Infolge der zunehmenden Klimaerwärmung tauen immer mehr Permafrostböden auf. Mikroorganismen starten ihre Zersetzungsarbeit. Dabei werden die Treibhausgase Kohlenstoffdioxid und Methan freigesetzt, die die Klimaerwärmung weiter anheizen. Das hat zur Folge, dass weiterer Permafrost schmilzt und weitere Treibhausgase freigesetzt werden. Ein Teufelskreis entsteht.

↑ Ein Sumpfgebiet in Grönland im Sommer

Alles Lateinisch:

- „permanere“ = fortdauern
- Permanent heißt fortdauernd, dauerhaft.

↑ Wenn der Permafrostboden auftaut, wird der Boden weich und die Erdoberfläche sinkt unregelmäßig ein. Gebäude können einstürzen. Straßen, Eisenbahnschienen, Landebahnen, Öl- und Gas-Pipelines können beschädigt werden.

Unten Tiefkühltruhe, oben Auftauschicht

In den tiefen Bodenschichten des Permafrosts, die zum Teil noch aus der Eiszeit stammen, sind kohlenstoffhaltige Überreste von Pflanzen und Tieren im Eis eingelagert und konserviert. Wie in deinem Experiment schließt das Eis der Permafrostböden Gestein, Pflanzenmaterial, Ablagerungen und Erde ein und bindet alle Teile wie Zement aneinander. Der Permafrost reicht in einigen Gebieten Sibiriens bis in Tiefen von 1.500 m, in anderen sind es nur einige 100 m. Der Permafrostboden ähnelt einer riesigen Tiefkühltruhe. Nur oberhalb des vereisten Bodens befindet sich eine dünne **Auftauschicht,** die im Sommer auftaut und im Winter gefriert. Sie kann 30 cm bis 2 m tief sein. Bakterien und andere Bodenlebewesen sind hier im Sommer für kurze Zeit aktiv, doch die Zersetzung der Pflanzenreste ist unvollständig. Auf den aufgetauten, durch das Schmelzwasser sumpfigen Flächen siedelt sich oft Torfmoos (S. 86–87) an.

Moorböden sind Klimaschützer

Moore sind feuchte bis nasse Standorte, die durch Grundwasser oder durch Regenwasser gespeist werden. Sie speichern große Mengen an Wasser und schützen so vor Überschwemmungen und Flutkatastrophen. Die dunkle Farbe der Moorböden und -gewässer stammt von Huminstoffen. Sie entstehen, wenn Mikroorganismen organisches Material abbauen. Im Moorboden gelingt jedoch kein vollständiger Abbau der abgestorbenen Pflanzen, diese werden vielmehr als Torf abgelagert. **Wachsende Moorböden können etwa 150–250 Millionen Tonnen Kohlenstoffdioxid als Torf speichern und sind deshalb Klimaschützer!**

Hochmoorboden mit Rotem Torfmoos

Hochmoore werden – im Gegensatz zu Niedermooren – nicht durch das Grundwasser, sondern durch den Regen gespeist. Sie entstehen in Gebieten, in denen es das ganze Jahr über viele Niederschläge gibt und gleichzeitig wenig Wasser verdunstet oder abfließt. Ist der Boden vernässt, also dauerhaft mit zu viel Wasser versorgt, fehlt im Boden Sauerstoff. Das hemmt die Zersetzung von organischem Material. Pflanzenreste können nicht richtig verwesen und abgebaut werden. Der Moorboden ist sauer und enthält nur wenig Mineralstoffe. Unter diesen Bedingungen können nur wenige Pflanzen- und Tierarten auf Dauer überleben. Torfmoose zählen zu den Moorspezialisten, und sie halten die Versauerung des Moorbodens aufrecht.

Wir mögen's sauer!

Torfmoose nehmen über ihre Blätter Wasser auf, einschließlich der darin gelösten Mineralstoffe, selbst wenn diese nur in Spuren vorhanden sind. Im Gegenzug gibt das Pflänzchen Säure an die Umgebung ab. Die Torfmoose selbst können sich unter sauren Bedingungen massenhaft vermehren. Gleichzeitig werden Konkurrenten verdrängt, die Säure nicht aushalten können.

↑ **Torfmoose** haben wie alle Moose keine Blüten und keine Wurzeln. Nur die obersten Zentimeter befinden sich über dem Wasserspiegel. Darunter speichern Stämmchen und Blättchen so viel Regenwasser, dass sich der Torfkörper nach oben wölbt. Torfmoose können praktisch unbegrenzt wachsen. Während die Pflanze nach oben weiter wächst, stirbt sie unten im Wasser ab. Aus dem abgestorbenen Gewebe, das sich unter Luftabschluss nur unvollständig zersetzt, entsteht Torf. Ohne Torfmoos kann sich kein Hochmoor bilden!

Torf

Torfböden werden vielerorts noch immer abgestochen, in riesigen Mengen in ganz Europa verkauft und für den industriellen Gemüseanbau verwendet. Die Entwässerung von Mooren und der Torfabbau setzen jedoch die Treibhausgase Kohlenstoffdioxid und Methan frei und heizen damit den Klimawandel an (S. 82). Torf sollte man also besser nicht als Kompost-Ersatz für den Garten kaufen!

EXPERIMENT

Torfmoose untersuchen

Du brauchst: Gewöhnliches Torfmoos (Sphagnum magellanicum), 1 Glas, blaue Tinte, 1 Uhr

So geht's: Lasse die Torfmoos-Pflänzchen einen Tag lang trocknen. Fülle etwa 10 ml blaue Tinte in ein Glas. Stelle das getrocknete Moospflänzchen in die Tinte. Miss in Abständen von 2 Minuten, wie hoch die Pflanze blau eingefärbt ist.

Was passiert? In 3–4 Minuten können trockene Torfmoose etwa 10 ml Wasser (bzw. Tinte) aufnehmen.

Warum? Torfmoose besitzen Wasserspeicherzellen, die sogenannten Hyalinzellen. Über diese Zellen können manche Torfmoosarten das 20- bis 25-fache ihres Trockengewichtes an Wasser speichern. Dadurch sind Torfmoose sogar im abgestorbenen Zustand in der Lage, das Regenwasser einzuschließen und den Wasserspiegel anzuheben. Torfmoos kann nach und nach einen sogenannten Schwingrasen bilden. Das ist eine auf dem Wasser schwimmende Pflanzendecke.

Wie unsere Böden das Klima schützen

Der Erdboden hat die Fähigkeit, langfristig große Mengen an Kohlenstoffdioxid zu binden. **Böden sind an Land die größten Speicher („Senken") für Kohlenstoff und damit Klimaschützer!** Die Art, wie wir mit unseren Böden umgehen, kann also dabei helfen, die Klimaerwärmung aufzuhalten.

Moore sind die besten Kohlenstoffspeicher. Der aus unvollständig abgebauten Pflanzenresten entstandene Torf besteht fast ganz aus Kohlenstoffverbindungen.

Welche Flächen speichern Kohlenstoff?

In Europa sind – neben Mooren (S. 86–87) – vor allem artenreiche Wälder, Wiesen und Weiden Kohlenstoffsenken. Wälder speichern Kohlenstoff in Bäumen und anderen Pflanzen sowie im Boden. **Mit fast 70 % ist dabei der Anteil des gebundenen Kohlenstoffs im Boden deutlich höher als der in den Bäumen.**

Werden Wälder abgeholzt, Wiesen zu „nackten" Äckern umgewandelt, können Pflanzen und Böden ihre Klimaschutzfunktion nicht mehr übernehmen. Die tief durchpflügten, verdichteten und überdüngten Äcker ohne verrottende Pflanzenreste setzen Kohlenstoffdioxid, oft auch Methan oder Lachgas frei und heizen damit die Klimaerwärmung eher an.

Was kannst du tun? Engagiere dich!

- Spreche mit deinen Freundinnen und Freunden, deinen Eltern und Verwandten über das Thema. Je mehr Menschen sich Gedanken machen, umso besser!
- Schreibe zu diesem Thema einen Artikel in der Schulzeitung.
- Halte in der Schule ein Referat über die Bedeutung gesunder Böden.
- Arbeite in einer Naturschutzorganisation wie z. B. BUND, NABU, Greenpeace mit.
- Du kannst auch einen eigenen Club gründen, der sich mit der Bodengesundheit beschäftigt.

Das Bodenleben fördern

Über die Auswahl der Pflanzen, natürliche Düngemittel und schonende Bodenbearbeitung kann der Mensch die Bodenqualität beeinflussen. Werden durch entsprechende Maßnahmen die Bodenlebewesen gefördert, wird er fruchtbarer und kann mehr Kohlenstoff im Boden speichern (S. 80). Eine wichtige Rolle spielen dabei Pflanzenreste, die von Regenwürmern und anderen Bodenorganismen tief in den Boden eingebracht werden und dort den Kohlenstoff binden. Je stabiler die entstandenen Huminstoffe sind, umso fester und länger bleibt der Kohlenstoff im Boden gebunden. Eine wichtige Aufgabe übernehmen dabei die Pilzhyphen: Ihre weißen Fäden wickeln sich um die Pflanzenreste und verkleben sie mit dem Boden. Anschließend fressen die Pilze den pflanzlichen Kohlenstoff und speichern ihn.

Nicht nur Wälder, auch artenreiche Wiesen mit reichem Bodenleben sind Klimaschützer.

Ökologische Landwirtschaft

Ziel der ökologischen Landwirtschaft ist es, Nutzpflanzen im Einklang mit der Natur anzubauen. Statt auf monotonen Riesenfeldern wird auf Feldern gesät und geerntet, die durch Hecken, blütenreiche Säume, Raine und Kleingewässer gegliedert sind. So entstehen vielfältige Lebensräume, die eine hohe Zahl an Nützlingen (z. B. Wildbienen) beherbergen.

Typisch Ökolandbau

- **Fruchtwechsel und Untersaaten:** Im Biolandbau gibt es keine Monokulturen. Man baut nicht jedes Jahr die gleiche Nutzpflanze an, sondern wechselt die Pflanzen von Jahr zu Jahr. Biolandwirte achten auf sinnvolle Fruchtfolgen. So wird z. B. durch Anbau von Hülsenfrüchten wie Klee, Erbse, Ackerbohnen, die mit Knöllchenbakterien zusammenleben, Stickstoff im Boden gewonnen. Er ist dann für die Hauptfrucht (z. B. Weizen) im nächsten Jahr der Dünger. Auch Untersaaten sind im Biolandbau wichtig. Dabei werden zwei verschiedenen Pflanzenarten gleichzeitig auf den Acker ausgesät, sodass ein dauerhafter Pflanzenbestand entsteht.
- **Kompostwirtschaft statt Mineraldünger:** Im Biolandbau arbeitet man mit locker geschichtetem, gut durchlüftetem Stallmist, der Stroh und Sägespäne enthält, oder mit Mistkompost.
- **Fortdauernde Bodenbedeckung:** Der Boden auf den Äckern soll nicht „nackt" daliegen, sondern das ganze Jahr über ununterbrochen von Pflanzenmaterialen bedeckt sein. Man lässt dabei z. B. Pflanzenreste als Mulch nach der Ernte auf dem Boden liegen. Aus dem Mulch entsteht wiederum der wichtige Humus.
- **Bodenbearbeitung ohne Tiefpflug:** Statt mit dem Pflug arbeitet man im ökologischen Landbau mit der biologischen Untergrundlockerung. Man baut über eine geeignete Fruchtfolge Pflanzen mit tiefgehenden, nicht so tiefgehenden und flachen Wurzeln an. Dadurch wird der Nährstoffgehalt des Bodens sehr gut ausgenutzt. Bodentierchen und Bakterien werden geschont. So kann das natürliche unterirdische Chemielabor (S. 70) gut funktionieren.

Voll Bio

Im Biolandbau verboten sind:

- künstlich hergestellte und mineralische Dünger
- chemische Herbizide und Pestizide

Eingesetzt werden stattdessen:

- Stallmist und Mistkompost
- biologische Schädlingsbekämpfungsmittel, darunter auch Biopestizide (ähnliche Mittel wie der Knoblauch-Chili-Sud auf S. 95)
- Nützlinge, die Schädlinge vertilgen
- Kupfer als Pflanzenschutzmittel gegen Pilzkrankheiten wird vor allem im Wein- und Obstbau eingesetzt. Kupfer reichert sich aber nicht in den Früchten an.

Bio-Tierhaltung:

- kein vorbeugender Einsatz von Antibiotika
- Bio-Kühe bekommen zu mehr als 70 % Grünfutter, Heu und Silage, also milchsauer vergorene Pflanzen.
- Das gesamte Tierfutter muss aus dem Öko-Landbau stammen, ist also pestizidfrei und herbizidfrei.

Biobetriebe werden mindestens einmal im Jahr unangemeldet geprüft.

Agroforst – was ist das?

Agroforst kennt man schon seit tausenden von Jahren. Bei dieser Anbauform wachsen Bäume, Sträucher und Nutzpflanzen nebeneinander. Auf manchen Feldern wird z. B. Kohl oder Getreide angebaut, rechts und links davon stehen Obstbäume. Dazwischen können Hühner frei umherlaufen und Futter suchen. Die Bäume und Sträucher halten mit ihren Wurzeln den Boden fest und verhindern Erosion. Sie spenden im Sommer Schatten und bieten Schutz vor Stürmen und Fressfeinden. Wächst Grünland zwischen den Bäumen, kann es von Kühen, Schafen oder Ziegen beweidet werden. Auch Waldweiden sind möglich. Schweine finden im Agroforst reichlich Eicheln als Nahrung.

Die Zukunft der Landwirtschaft

Um Umweltbelastungen einzudämmen, setzen einige Landwirtinnen und Landwirte inzwischen auf Technik. Computer, Roboter und Messinstrumente sollen dabei helfen, den Boden schonender zu bearbeiten, weniger Düngemittel einzusetzen, ohne Gifte auszukommen und den Wasserverbrauch zu senken. Demnächst werden Mikrosatelliten erprobt, die vom All aus die Ackerflächen überwachen und Daten liefern, die sagen, wann bewässert oder geerntet werden sollte.

Ökologische Landwirtschaft – werden wir davon auch satt?

Biolandbau (S. 90) verbraucht im Vergleich zum herkömmlichen Anbau mehr Ackerfläche. Kann er dennoch die Ernährung der Weltbevölkerung – neun Milliarden Menschen (im Jahr 2050) sicherstellen? Ja, einige Forschende gehen davon aus:

- Nach Berechnungen eines Schweizer Forschungsinstituts für biologischen Landbau könnte die Welt allein mit Nahrungsmitteln aus ökologischer Landwirtschaft ernährt werden. Dazu müssten wir Menschen aber unser Verhalten ändern: **Weniger Lebensmittel wegwerfen und weniger Fleisch essen.**
- **Ein Beispiel:** Ein Land wie Österreich könnte sich bereits jetzt schon zu 100 % mit Biolandbau selbst versorgen. Lebensmittelabfälle müssten allerdings um 25 % und der Fleischverbrauch um 10 % gesenkt werden.

Das Problem: Die meisten Menschen wollen auf den Genuss von Fleisch, Eiern und Milchprodukten nicht verzichten. Was tun? Die gute Nachricht: Bereits heute werden neue Möglichkeiten zur Lebensmittelherstellung erprobt. Wenn es gelänge, diese Methoden weiterzuentwickeln, könnten der Flächen- und Wasserverbrauch gesenkt und die Belastungen von Böden, Grundwasser, Gewässern und Meeren vermieden werden.

Mehr Wildnis statt Landwirtschaft?

Wer weiß, vielleicht wird die Menschheit in 100 Jahren auf großflächige Landwirtschaft ganz verzichten und auch der Wildnis wieder eine Chance geben! Auf früheren Feldern und Äckern in Mitteleuropa könnten sich nach Nutzungsaufgabe und Renaturierung längerfristig wieder natürliche Wälder, Moore, Sümpfe, Flussauen entwickeln. Nach und nach würden sich dort seltene Wildtiere und -pflanzen ansiedeln. Alte Kulturlandschaftsformen (z. B. Feucht- und Streuwiesen, Magerwiesen, Streuobstwiesen) und die an sie gebundenen Pflanzen- und Tierarten könnte man weiterhin durch geeignete Pflegemaßnahmen (seltene Mahd, Beweidung durch Schafe, Ziegen etc.) erhalten.

Vertical Farming (senkrechte Landwirtschaft)

Anstatt auf einem Acker nebeneinander angebaut, wachsen die Nutzpflanzen in einem Hochhaus in Stadtnähe in Regalen oder Stapeln übereinander. Gemüse und Obst gedeihen weitgehend ohne Erde bei künstlichem Licht, gleichbleibender Luftfeuchtigkeit und Temperatur.

Vorteile: Die Wege vom Ort der Herstellung bis in den Supermarkt sind kurz. Der Wasserverbrauch würde um 90 % sinken, Schädlingsbekämpfung wäre nicht nötig.

Nachteile: Nicht alle Pflanzenarten sind für das Vertical Farming geeignet. Außerdem sind derzeit die Bau- und Betriebskosten noch sehr hoch, die Technologie zur Steuerung von Licht, Wasser, Luftfeuchtigkeit und Temperatur ist teuer, Strom, Beleuchtung, Belüftung verursachen hohe Energiekosten. Das kann sich aber in Zukunft ändern!

Super-Lösung

Die Nutzung der Sonnenenergie und der Einsatz von Solaranlagen zur Stromerzeugung könnten künftig sowohl die Kosten für die Herstellung von Laborfleisch, als auch für den Betrieb des „Vertical Farming" deutlich senken.

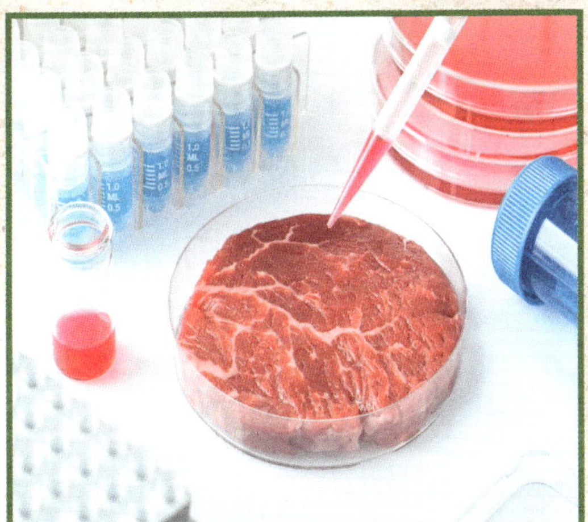

Fleisch der Zukunft – Fleisch aus dem Labor

„Zellbasiertes Fleisch", auch „Laborfleisch" genannt, wird aus Tierzellen gewonnen statt durch Tierschlachtung. Zur Herstellung entnimmt man Tieren völlig schmerzfrei bestimmte Zellen. Diese können nun in einem technisierten Verfahren vermehrt werden. Das entstehende Fleisch ist vollkommen identisch mit dem Fleisch des Tiers, von dem die Zellen entnommen wurden. Es enthält keinerlei Gifte, Hormone oder Medikamentenreste, der Herstellungsprozess wird streng kontrolliert. Es gibt bereits viele Firmen, die an dieser Methode arbeiten.

Laborfleisch wäre eine geniale Alternative zur Massentierhaltung. Auch Fischfilets und Milchprodukte könnte man künftig so herstellen, ohne ein einziges Tier leiden zu lassen. Die Herstellung von Laborfleisch ist derzeit jedoch noch sehr teuer, der Energieaufwand hoch. Die bisherigen Herstellungsmethoden sind noch nicht ausgereift, um Laborfleisch in großen Mengen für viele Menschen herzustellen.

Gesunde Böden im Ökogarten

Du weißt inzwischen ganz schön viel über Lebensmittelherstellung, Böden und Landwirtschaft! Stimmt's? Dein Wissen kannst du nun auch in eurem Garten anwenden. Hier ein paar gute Ideen für gesunde Böden!

Keine Herbizide, keine Mineraldünger

So schützt du die nützlichen Bodenlebewesen und dein Gemüse bleibt frei von chemischen Rückständen.

Permakultur – „dauerhafte Landwirtschaft"

Der Boden sollte das ganze Jahr über von einer geschlossenen Pflanzendecke bewachsen sein. Das schützt vor Erosion und fördert die Bodenlebewesen.

Düngen nur mit Kompost

Kompost kannst du selbst herstellen (S. 42) oder in Gartencentern kaufen. Mit einem Rechen oder einer Grabegabel kannst du ihn in den Boden einarbeiten und dabei die oberen 10 cm Bodenschicht auflockern. Am besten machst du das im Frühjahr.

Mulchen

Im Frühjahr wird zwischen den Pflanzen eine 3–5 cm dicke Schicht aus zerkleinertem Pflanzenmaterial (z. B. Gras, Stroh, Laub) auf dem Boden verteilt. Auch im Winter wird der Boden mit einer Mulchdecke geschützt.

Verdichtete Böden lockern und durchlüften

Das geht am besten mit einer Grabegabel. Man steckt sie in den Boden und bewegt sie in der Erde hin und her. Nasse Böden nicht betreten, denn das führt zu weiteren Verdichtungen. Nach dem Auflockern bitte wieder mulchen!

← **Sonnenblumen** haben tiefgehende Wurzeln (bis 2,5 m) und lockern den Boden dadurch tiefgründig auf. Außerdem können sie rasch Nährstoffe aus überdüngten Böden ziehen.

Bio-Schädlingsbekämpfung

Knoblauch-Chili-Sud stärkt die Pflanze und wirkt gegen Blattläuse und Pilzkrankheiten wie Mehltau.

So geht's: Einige Chilischoten und Knoblauchzehen werden grob zerkleinert und in einen Topf gegeben. (Danach Hände waschen nicht vergessen!) Bitte einen Erwachsenen die Mischung im Topf mit kochend heißem Wasser zu übergießen. Abgedeckt 15 Minuten ziehen lassen. Danach den Sud sieben. Er wird im Verhältnis 1:10 mit Wasser verdünnt und in eine Sprühflasche gefüllt.

Die kranken Pflanzen werden dreimal hintereinander auf Blättern und Boden besprüht, im Abstand von drei Tagen.

Standortgerechte Pflanzen auswählen

Berücksichtige die Lebensansprüche jeder Pflanze und säe sie nur dort aus, wo sie auch wachsen und blühen kann. Bei Kindern sehr beliebt ist die ungiftige Studentenblume. Sie wächst an sonnigen und halbschattigen Standorten. Sie hilft im Boden auch gegen pflanzenschädliche Fadenwürmer.

„Unkrautecken" anlegen

Disteln und Löwenzahn zum Beispiel sind eine Insektenweide, Kleeblüten bei Bienen sehr beliebt. Brennnesseln dienen als Raupenfutterpflanzen für verschiedene Tagfalterarten.

Kein Torf

Zur Verbesserung der Bodendurchlüftung und des Wasserhaushalts solltest du statt Torf lieber Mulch und Kompost verwenden. Denn Torfabbau aus Mooren zerstört wertvolle Lebensräume und setzt klimaschädliche Treibhausgase frei. Außerdem trocknet Torf den Boden auf Dauer aus und versauert ihn.

Mehr bunte Wildblumen statt grünem Rasen

Die tieferen Wurzeln der Blumen lockern den Boden und verbessern die Art und Weise, wie Bodenpartikel miteinander verbunden sind. Die bunten Blüten liefern Nektar und Pollen, die von Bestäubern wie Bienen, Schmetterlingen und anderen Insekten genutzt werden. Wildblumenwiesen helfen dabei, Schädlingsprobleme auf natürliche Weise zu lösen, ohne den Einsatz von Pestiziden. Denn sie fördern Nützlinge wie den Marienkäfer, der die für Nutzpflanzen schädlichen Blattläuse frisst.

1. Auflage 2024

moses. Verlag GmbH
Arnoldstraße 13d
47906 Kempen
Fon 0 21 52 - 20 98 50
Fax 0 21 52 - 20 98 60
Mail info@moses-verlag.de
www.moses-verlag.de

ISBN 978-3-96455-258-7

Text: Anita van Saan

Lektorat: Heike Herrmann

Korrektorat: Elena Bruns

Illustrationen: Dorothea Tust

Fotos: Cover: @Adobe Stock: Lobra (HG U4); Roland Magnusson (Fliegenpilz); LLG (HG U1 o.); eyetronic (Zweige U4); domnitsky (Moos U1 u.r.); kubais (Maulwurf U1); Konstantin (Ameisen); @Shutterstock: pictoplay (Maulwurf U4); Worachat Tokaew (Wurzel U4); Ian 2010 (Sonnenblume); Aldona Griskeviciene (Bakterium).
Innenteil: @Shutterstock: Syrtseva Tatiana (S. 2, l. o.; S. 94, l.); Olha Trotsenko (S. 2, r. o.); Irina Wilhauk (S.2; S. 88, m. r.); Patryk Frey (S. 4, r. u.); 4045 (S. 4, l. o.); OlegRi (S. 4, m.); Karel Zahradka (S. 4, l. u.); MISTER DIN (S. 5, u.); Daisy Liang (S. 5, o.); A3pfamily (S. 5, m.); OSweetNature (S. 6); Designua (S. 7; S. 9, u.; S. 45, o. l.; S. 48, u. r.; S. 71); Peter Hermes Furian (S. 8); Nido Huebl (S. 9, o.); Raftel (S. 10, o.); austinding (S. 10, u.); Yes058 Montree Nanta (S. 12, o.; m. l..); PTZ Pictures (S. 12, m. r.); milicenta (S. 12, u. r.); LiuSol (S. 12, u. l.); Aleksandr Pobedimskiy (S. 13, u. l.); www.sandatlas.org (S. 13, u. r.); slawjanek_fotografia (S. 14); Jemastock (S. 15, m.); Denny George (S. 15, u.); Peter Gudella (S. 17, u.); Tatevosian Yana (S. 17, o.); Spateneder (S. 18, u.); Valentin Agapov (S. 18, o.); MyImages – Micha (S. 19, o.); Amanita Silvicora (S. 19, m.); Traveller70 (S. 19, u.); Air Images (S. 20); Microgen (S. 22, m.); Marcus Holman (S. 22, u.); KajaNi (S. 23, o.); Andrew Linscott (S. 23, o.); Aleksander Bolbot (S. 24, l.); Bryce Alexander (S. 24, r. o.); Singkham (S. 24, r. u.); MNStudio (S. 29, u.); Krivosheev Vitaly)S. 30, m. l.); Dmitriy Mikhaylyuk (S. 30, m. r.); Ronnie Howard (S. 30, u. r.); Dietmar Rauscher (S. 30, u. m.); Luciana Tancredo (S. 30, u. l.); Khing Pinta (S. 31, o.); Monumasud (S. 31, m. l.); Dr Darren Davis (S. 31, m. r.); Fredy Thuerig (S. 31, u.); Maria Symchych (S. 32, m.); Maria Surtu (S. 32, u.); 3d_vicka (S. 33, r.); UfaBizPhoto (S. 33, l.); VectorMine (S. 35, m.; S. 80; S. 82); lermont51 (S. 35, u.); Heike Rau (S. 36, u.); leungchopan (S. 38); JiraBest (S. 39, r.); andreiuc88 (S. 39, l.); Africa Studio (S: 40); EniaKlever (S. 41, o.); Kuttelvaserova Stuchelova (S. 41, u.; S. 97, m. r.); galitsin (S. 42, o.); Jerome.Romme (S. 42, u.); 13Imagery (S. 43, o.); DarlaD (S. 43, m.); neenawat khenyothaa (S. 43, u.); forest pictures (S. 44, u.); Kobkit Chamchod (S. 48); alexdov (S. 49, o.); Worachat Tokaew (S. 49 u.); 13Smile (S. 50 o.); Amadeu Blasco (S. 51, o.); MakroBetz (S. 51, u.); Amadeu Blasco (S.52/53); Amadeu Blasco (S. 54, o. und u.); Simlinger (S. 55, o.); PHOTO FUN (S. 55, u.); skippy666 (S. 57, o. l.); Holger Kirk (S. 57, o. r.); Jaromir Grich (S. 57, m. l.); Sandra Standbridge (S. 57, m. r.); David Dohnal (S. 57, u. l.); Dan Olsen (S. 57, u. r.); golf bress (S. 58); ARINDAM SINGHA MAHAPATRA (S. 59); Henrik Larsson (S. 60, u.; S.63, o. r.); glog192 (S. 60, l.); corlaffra (S. 61, u.); Andrey Pavlov (S. 61, m. l.); Ansario (S. 63, l.); Jonas Vegele (S. 63, m. r.); YP_Macro (S. 63, m. u.); Martin Pelanek (S. 64, o.); Anke Licht (S. 64, m.); Beekeepx (S. 64, u.); pictoplay (S.65); Maple Ferryman (S. 66, o. r.); Pasotteo (S. 66, o. l.); thecloudysunny (S. 66, u.); Dew_gdragon (S. 67, o.); Lebendkulturen.de (S. 67, u.); Rattiya Thongdumhyu (S. 68); AnastasiyaKomkova (S. 69, m. l.); Ye.Maltsev (S. 69, m. l.); Aldona Griskeviciene (S. 69, o. r.); neenawat khenyothaa (S. 69, o. l.); Worachat Tokaew (S. 69, u. r.); William Edge (S. 70, u. r.); Raland (S. 72); Richard Whitcombe (S. 73, u.); Dobrovizcki (S. 73, o.); Ye.Maltsev (S. 75, m. r.); PHILIPPE MONTIGNY (S. 75, m. l.); geogif (S. 75, u.); Robert Lessmann (S. 76, Biene); ermess (S. 76, m.); 1yudi (S. 77, u. l.)chayanuphol (S. 77, u. r.); Foto Para Ti (S. 78, u. r.); vitec (S. 78, u.); Alex Tihonovs (S. 79, l.); Charles William Adofo (S. 79, r.); Lesovik (S. 83, r.); alvarobueno (S. 83, l.); Tatiana Gasich (S. 84); Nordroden (S. 85, u.); travel4fishing (S. 85, o.); Ingrid Pakats (S. 86, u.); Victoria Tucholka (S. 86, m. r.); Neil Tackaberry (S. 87, o. r.); Igor Dushin (S. 87, o. l.); nnattalli (S. 89); Olha Trotsenko (S. 90, o. r.); hsunny (S. 90, m.); UllrichG (S. 91, u.); Ermolaev Alexander (S. 91, m.); Aastels (S. 92); tilialucida (S. 93, u.); YEINISM (S. 93, o.); Ian 2010 (S. 94, u. m.); KaliAntye (S. 94, r. o.); The Image Party (S. 94, r. u.); Matthew J Thomas (S. 95, u.); ioanna_alexa (S. 95, o.); @Adobe Stock: Margo_Alexa (S.2, l. u.); Veniamin (S. 11, o.); lesniewski (S. 11, u.); i am png (S. 13, m.); Nigel Monckton (S. 15, o.); ARochau (S. 26); Jürgen Nickel (S. 27, l.); Andrey Shevchenko (S. 27, r.); Kim (S. 37); altana_studio (S. 44, o. r.); igatelu (S. 46); Bruce Peter Morin (S. 47, o.); AshleyBelle (S. 47, u.); Alinute (S. 47, u.); kajani (S. 50, u. r.); Alexey Wraith (S. 61, r.); Rico Löb (S. 62); Dr. N. Lange (S. 67, m.); Pinosub (S. 70, m.); Wolfilser (S. 74); nikwaller (S.88, m./u.); @iStock: RelaxFoto.de (S. 45, o. r.)

Cover & Grundlayout: Melanie Dahmen

Layout & Satz: Dagmar Herrmann, two-up

Redaktion: Ina Lutterbüse

Herstellung: Nicole Bienia

Printed in Poland.

FSC
www.fsc.org
MIX
Papier | Fördert gute Waldnutzung
FSC® C018236

Inhaltsseiten gedruckt auf MAESTRO® PRINT Papier Cradle to Cradle Certified® in der Stufe Bronze. Cradle to Cradle Certified® ist ein eingetragenes Markenzeichen des Cradle to Cradle Products Innovation Institute.

Klimaneutral
Druckprodukt
ClimatePartner.com/14161-2001-1001